Marie-Odette Sommer · Günter Bauer
Kreativ basteln mit Naturmaterialien

Marie-Odette Sommer · Günter Bauer

Kreativ basteln mit Naturmaterialien

Die besten Ideen für jede Jahreszeit

Für Kinder von 4 bis 12 Jahren

humboldt

Bibliografische Information der Deutschen Nationalbibliothek
Die Deutsche Nationalbibliothek verzeichnet diese Publikation in der Deutschen Nationalbibliografie; detaillierte bibliografische Daten sind im Internet über http://dnb.ddb.de abrufbar.

ISBN 978-3-86910-168-2

Die Autoren: Marie-Odette Sommer ist Erzieherin. Für das Buch hat sie die schönsten Bastelideen aus ihrem reichen Fundus ausgewählt. Der Illustrator Günter Bauer lebt in San Sebastián auf La Gomera.

Originalausgabe

Eine Marke der Schlüterschen Verlagsgesellschaft mbH & Co. KG,
Hans-Böckler-Allee 7, 30173 Hannover
www.schluetersche.de
www.humboldt.de

Covergestaltung:	DSP Zeitgeist GmbH, Ettlingen
Innengestaltung:	akuSatz Andrea Kunkel, Stuttgart
Titelfoto:	Shutterstock / Ramona Heim
Satz:	PER Medien+Marketing GmbH, Braunschweig
Druck:	Grafisches Centrum Cuno GmbH & Co. KG, Calbe

Hergestellt in Deutschland.
Gedruckt auf Papier aus nachhaltiger Forstwirtschaft.

Inhalt

Basteln im Frühling

Karnevalsmaske

Diese Maske ist schnell gebastelt und erlaubt viele Variationen. Auch kleinere Kinder setzen die Karnevalsmaske gerne auf, weil sie nicht den ganzen Kopf verhüllt. Sie brauchen beim Ausschneiden noch Hilfe, während ältere Kinder auch schon alleine Masken für alle Gelegenheiten basteln.

Das wird benötigt

- Fotokarton, der breit genug sein sollte, um das Gesicht zu bedecken, und lang genug, um einmal um den Kopf zu reichen
- Buntstifte oder Farben und Pinsel
- eine Haarspange

1. Wir falten das Papier quer zusammen und zeichnen wie auf der Abbildung den Umriss der Maske vor. So wird die Maske symmetrisch, und Mund und Nase lassen sich leichter ausschneiden. Auf Augenhöhe zeichnen wir einen breiten Träger, der später hinter dem Kopf verschlossen wird.
2. Dann schneiden wir die Maske aus, mitsamt den Öffnungen für Augen, Mund und Nase.
3. Als Nächstes wird die Maske aufgeklappt und nach Lust und Laune bemalt.
4. Wenn die Maske fertig ist, lässt sie sich ganz einfach aufsetzen: Die langen Papierstreifen werden um den Kopf gelegt, sodass sich ihre Enden überlappen und mit der Haarspange aneinander festgemacht

werden können. Falls die Streifen nicht weit genug um den Kopf reichen, kann man auch ein Stück Gummiband zwischen ihnen spannen.

Spielidee: Karneval der Puppen

Damit Puppen oder Stofftiere mit uns Karneval feiern können, basteln wir für sie aus den Resten des Tonpapiers oder aus normalem Papier viele kleine Karnevalsmasken. Das Papier wird dafür einfach auf die richtige Größe zugeschnitten. Statt einer Haarspange kann dann auch eine Büroklammer als Verschluss dienen.

Papiertüten-Monster

Für Kinder, die nicht ängstlich sind – sie werden es lieben, sich als schaurige Monster zu verkleiden. Wer Monster nicht so gerne mag, kann auch einfach ein freundliches Gesicht auf die Maske malen.

Das wird benötigt

- eine Papiertüte, die groß genug ist, um bequem über den Kopf zu passen (auf keinen Fall darf man eine Plastiktüte verwenden – sonst besteht die Gefahr, nicht genügend Luft zu bekommen!)
- Filzstift und Schere
- Buntstifte oder Farben und Pinsel
- buntes Papier oder Wollreste, um Haare zu basteln

1. Falls die Papiertüte außen bedruckt ist, wird sie mit der Innenseite nach außen gedreht. Dann malen wir auf eine Seite der Papiertüte

ein großes Monstergesicht. Damit Augen und Nase an der richtigen Stelle sind, wird die Tüte kurz aufgesetzt, sodass wir ihre Umrisse vorsichtig mit einem Filzstift markieren können. Wer möchte, kann auch eine Öffnung für den Mund aufmalen.

2. Als Nächstes werden die Löcher für Augen, Nase und Mund ausgeschnitten. Aus buntem Papier schneiden wir ein Dreieck für die Nase, das wir zu einem Dach falten und so über die Nasenöffnung kleben, dass viel Luft hereinkommt.
3. Auch Augenbrauen, ein Bart oder ein schauriger Mund werden aus Papier ausgeschnitten und auf die Maske geklebt.
4. Für die Haare kann ebenfalls Papier verwendet werden: Dafür wird es mit einer Seite oben an der Maske festgeklebt, und den herabhängenden Teil schneiden wir in lange Fransen. Eine andere Möglichkeit ist, bunte Wollfäden als Haare oder auch als Bart an die Maske zu kleben.

Luftballonmaske

Mithilfe eines Luftballons lässt sich eine Maske basteln, die wunderbar rund ist – perfekt für ein buntes Clownsgesicht. Diese Maske ist etwas schwieriger zu basteln, daher eignet sie sich gut für ältere Kinder, die kleine Herausforderungen mögen.

Das wird benötigt

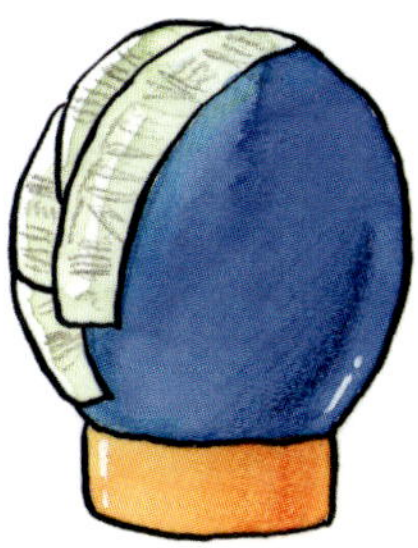

- ein großer Luftballon
- mehrere Blätter Zeitungspapier
- ein schmaler, langer Streifen Pappe
- Tapetenkleister und ein Gefäß zum Anrühren
- Farbe und Pinsel
- Schere

1. Als Erstes wird der Luftballon möglichst groß aufgeblasen, und das Zeitungspapier in schmale Streifen gerissen. Aus dem Pappestreifen formen wir einen Ring, in den wir den Luftballon zum Bekleben stellen können.
2. Dann werden die Papierstreifen einer nach dem anderen in den Tapetenkleister getaucht und auf den Luftballon geklebt. Sie sollen sich dabei überlappen und in mehreren Schichten übereinanderliegen, sodass die Maske stabil wird. Damit die Maske später über den Kopf passt, bekleben wir nicht den ganzen Luftballon, sondern lassen gleich eine ausreichend große Öffnung frei. Der Tapetenkleister muss danach einige Stunden lang trocknen können – am besten über Nacht.
3. Wenn alles trocken ist, wird der Luftballon aufgeschnitten und vorsichtig aus der Zeitungspapierhülle gezogen.
4. Dann kann die Maske bemalt werden: Zum Beispiel mit einem lustigen Clownsgesicht auf weißem Grund.
5. Um Augen und Mund zu markieren wird die Maske am besten kurz aufgesetzt, dann können wir die Öffnungen dafür ausschneiden. Dabei schneiden wir die Öffnung der Maske auch gleich so zu, dass sie gut auf den Kopf passt.

6. Wer möchte, kann als Nase eine echte Clownsnase auf die Maske kleben oder mithilfe eines kleinen Luftballons eine Nase basteln. Sonst kann man die Nase natürlich auch einfach aufmalen.
7. Zuletzt bekommt die Maske Haare aus bunten Wollfäden, die wir rund um ihr Gesicht festkleben.

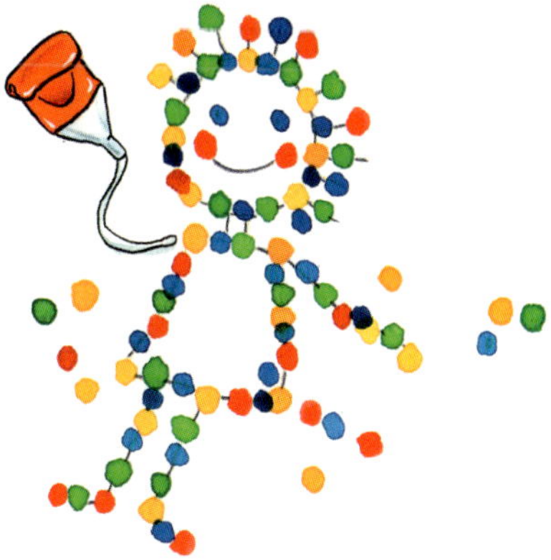

Buntes Konfetti

So macht der Konfetti-Regen noch mehr Spaß! Konfetti selber herzustellen ist ganz einfach, und Kinder sind mit Begeisterung dabei. Alles, was sie dafür brauchen, ist ein Locher und jede Menge buntes Papier.

Das wird benötigt

- farbiges Papier oder bunt bedruckte Zeitschriftenseiten
- Locher
- Schalen, Schachteln oder kleine Papiertüten, um das Konfetti aufzufangen

1. Jedes Blatt wird vor dem Lochen ein- oder zweimal gefaltet, um mehr Konfetti auf einmal zu erhalten. Dann einfach so dicht nebeneinander wie möglich Löcher in das Papier drücken.
2. Sobald der Behälter des Lochers voll ist, wird er vorsichtig in eine Schale oder Schachtel ausgeleert.
3. Wer das Konfetti farblich sortiert haben möchte, leert den Behälter immer aus, bevor er ein Blatt in einer neuen Farbe zu lochen beginnt. Dann wird für jede Farbe eine eigene Schale oder ein Tütchen benötigt.

Spielidee: Konfetti-Bilder

Mit dem so hergestelltem Konfetti lassen sich hübsche Konfetti-Bilder basteln: Dafür werden mit flüssigem Kleber Umrisse auf Papier „gezeichnet“. Dann streuen wir schnell – solange der Kleber noch feucht ist – Konfetti darüber. Kurz antrocknen lassen und dann das Papier leicht abschütteln: Nun sind die Kleberlinien mit bunten Papierpunkten bedeckt. Mit mehreren Durchgängen und farblich sortiertem Konfetti lassen sich so sogar Bilder mit verschiedenen Farben „zeichnen“.

Lustige Brötchen

Eine kleine Spielerei, die belegte Brote schmackhafter macht. Wenn wir Brote mit lustigen Gesichtern belegen, macht es richtig Spaß, sie danach genüsslich aufzuessen. Mit etwas Fantasie finden wir außer den hier beschriebenen Zutaten noch weitere Leckereien im Kühlschrank, aus denen sich lustige Brötchen zaubern lassen.

Das wird benötigt

- runde oder viereckige Brotscheiben
- Wurst- und Käsescheiben, aus denen sich Münder, Augen oder Haare schneiden lassen
- Eier- oder Radieschenscheiben als Augen oder Nase
- halbierte Cocktailtomaten als Wangen
- dünne Tomatenspalten für den Mund
- Kresse oder Petersilie als Haare

1. Jedes Kind bekommt einen Teller und darf sich sein eigenes lustiges Brötchen belegen.
2. Natürlich können außer Gesichtern auch Tiere oder hübsche Muster gelegt werden.
3. Zur Erinnerung machen wir am besten Fotos von den lustigen Broten, denn nach dem Belegen wird jedes Brot natürlich auch gegessen!

Schneckenhaus-Vase

Wenn der Schnee endlich weggetaut ist, finden sich auf der Wiese bald die ersten Frühlingsblumen, zum Beispiel Gänseblümchen, Schlüsselblumen oder Veilchen. Wer einen kleinen Strauß gepflückt hat, braucht eine passende Vase, damit die Blümchen zuhause nicht so schnell verwelken.

Das wird benötigt

- ein großes leeres Schneckenhaus
- ein Stück Karton
- Farben und Pinsel
- Schere, Klebstoff

1. Das Schneckenhaus wird als Erstes gründlich abgewaschen, ausgespült und abgetrocknet.
2. Dann schneiden wir den Karton rund zu und bemalen ihn hübsch, zum Beispiel als bunte Frühlingswiese.
3. Nun wird das Schneckenhaus mit der Öffnung nach oben auf den Karton geklebt.
4. Sobald der Kleber trocken ist, können wir vorsichtig etwas Wasser hineinfüllen und die Blümchen in die „Vase“ stellen.

Schneeglöckchen-Faltbild

Anstatt Blumen zu pflücken, können wir sie auch einfach selber basteln. So werden die Blümchen auf der Wiese geschont, und gleichzeitig haben wir den Vorteil, dass unser Schneeglöckchen-Faltbild niemals welken wird – es bleibt immer genauso schön wie am ersten Tag!

Das wird benötigt

- weißes Papier für die Blüten
- grünes Papier für Blätter und Stängel
- hellblaues Papier als Hintergrund
- Schere und Klebstoff

1. Aus dem weißen Papier schneiden wir kleine Quadrate zu (je nachdem, wie groß die Blüten werden sollen, ca. 2 bis 5 cm lang).
2. Jedes Quadrat wird zuerst zu einem Dreieck gefaltet. Dieses Dreieck falten wir noch einmal zusammen, um die Mitte zu markieren, öffnen es aber gleich wieder.
3. Dann knicken wir die beiden Spitzen des Dreiecks von der Mitte aus so nach unten, dass sie etwas neben der dritten Spitze liegen, wie auf der Abbildung – fertig ist eine Blüte.

4. Die Blätter und Stängel werden aus dem grünen Papier ausgeschnitten. Wer möchte, kann die Stängel auch etwas breiter ausschneiden, zusammenrollen und flachdrücken, damit sie wie echte Blumenstängel aussehen.
5. Dann wird alles auf den hellblauen Hintergrund geklebt: Am besten zuerst die Stängel, dann die Blätter und Blüten, damit alles gut zusammenpasst.

Spielidee: Frühlings-Blumengarten

Wer statt Schneeglöckchen lieber Tulpen basteln möchte, braucht dafür nur buntes Papier, das in etwas größere Quadrate geschnitten wird. Die Blüten werden auf dieselbe Weise gefaltet wie die Schneeglöckchen, aber so aufgeklebt, dass ihre Öffnung – wie bei echten Tulpen – nach oben zeigt. Wer findet noch weitere Möglichkeiten, um hübsche Frühlingsblumen zu falten? Mit etwas Fantasie können wir so einen ganzen Frühlings-Blumengarten basteln.

Osterei-Vase

Passend zum Osterschmuck finden in diesem kleinen Väschen die ersten Frühlingsblumen Platz. Jedes Kind, das gerne Ostereier bemalt, wird auch viel Spaß beim Basteln dieser Vase haben. Praktisch ist, dass wir dafür sogar die Schale von unserem Frühstücksei verwenden können, wenn wir es vorsichtig genug aufschlagen.

Das wird benötigt

- eine Eierschale mit aufgeschlagener Spitze (damit die Vase dicht ist, darf das Ei nicht angestochen sein, oder wir müssen darauf achten, es an der angestochenen Seite aufzuschlagen)
- Buntstifte oder Wasserfarben und Pinsel
- Klarlack
- ein ca. 2 cm breites Stück einer Papprolle (z. B. von der Küchenrolle)

1. Das Ei soll oben eine möglichst runde, gleichmäßige Öffnung haben. Falls die Öffnung noch zu klein ist, machen wir sie etwas größer. Wenn die Eierschale gut ausgekratzt ist, wird sie vorsichtig mit warmem Wasser ausgespült.
2. Nach dem Trocknen wird die Eierschale bunt bemalt.
3. Während die Farbe auf der Eierschale trocknet, bemalen wir außerdem das Stück Papprolle, das den Fuß der Vase bilden wird.
4. Zuletzt werden die Osterei-Vase und ihr Fuß mit Klarlack überzogen, um die Farbe vor Wasser zu schützen. Sobald der Lack getrocknet ist, können wir etwas Wasser in die Vase füllen und die ersten Blümchen hineinstellen.

Osterzweig mit Vöglein

Kleine Kinder haben mit dieser Bastelidee viel Spaß, weil sie nicht vorsichtig mit echten Eierschalen hantieren müssen und trotzdem einen wunderbar bunten Osterzweig bekommen. Den Zweig dafür können wir gemeinsam im Garten schneiden oder von einem Spaziergang mitbringen. In einer mit Wasser gefüllten Vase oder Flasche sprießen aus seinen Knospen bald zarte grüne Blätter.

Das wird benötigt

- ein frischer Buchenzweig oder mehrere Haselnusszweige
- Fotokarton
- Buntstifte oder Wasserfarben und Pinsel
- buntes Papier
- Schere
- Fäden zum Aufhängen

1. Auf den Karton werden Eierformen gezeichnet, die wir dann ausschneiden und auf beiden Seiten bunt bemalen oder mit Buntpapier bekleben.
2. Auch für das Vöglein wird zunächst der Vogelkörper auf Karton vorgezeichnet, ausgeschnitten und auf beiden Seiten bemalt.
3. Dann nehmen wir einen breiten Streifen aus buntem Papier und falten ihn im Zickzack wie einen Fächer. Wir machen einen waagerechten Einschnitt in den Körper des Vogels, durch den das gefaltete Papier gezogen wird, sodass es auf beiden Seiten gleich weit herausschaut. Dann werden die Flügel vorsichtig aufgefaltet.
4. Zuletzt befestigen wir an jedem Ei und Vöglein mit etwas Kleber oder an einem kleinen Loch einen Faden und hängen sie alle an den Osterzweig.

Kartoffel-Osterhäschen

Schon kleine Kinder haben viel Spaß dabei, mit etwas Hilfe diese lustigen Häschen zu basteln. Aber auch größere Kinder finden diese Bastelei toll, denn es ist schon etwas Geschick nötig, um die Kartoffeln so zusammenzustecken, dass das Häschen nicht umfällt. Nach Ostern werden die Häschen wieder auseinandergenommen, dann können wir gemeinsam einen leckeren Kartoffelsalat zubereiten.

Das wird benötigt

- gleichmäßig geformte rohe Kartoffeln in zwei Größen: große Kartoffeln für die Körper der Häschen, kleine Kartoffeln für die Köpfe
- mehrere Zahnstocher
- Papier und Schere
- Rosinen für die Augen
- Watte
- einige dünne Wollfäden und eine Wollnadel

1. Zuerst wird mit ein oder zwei Zahnstochern eine kleine Kartoffel auf eine große Kartoffel gesteckt.
2. Dann schneiden wir aus dem Papier zwei Hasenohren zu: Wir schneiden ein längliches, schmales Oval aus, das wir an einer Spitze zusammenkneifen – so entstehen echte „Löffelohren“. Um sie am Kopf des Häschens zu befestigen, stechen wir vorsichtig mit dem Küchenmesser zwei kleine Schlitze in die Kartoffel, in die wir die zusammengekniffenen Enden der Ohren stecken.
3. Als Nächstes werden die Rosinen als Augen mit zwei kurzen Zahnstocherstücken befestigt.
4. Ein kleiner Wattebausch wird zum Schwänzchen des Hasen und ebenfalls mit einem Zahnstocher festgesteckt.

5. Zuletzt basteln wir die Barthaare: Mit einer Wollnadel ziehen wir einige Wollfäden durch die Kartoffel und schneiden sie auf die passende Länge zu.

Osterbaum

Der Osterbaum ist in vielen Gegenden eine traditionelle Osterdekoration. Er symbolisiert den immergrünen Lebensbaum und trägt zwölf bemalte Eier, die für die zwölf Monate des Jahres stehen. Besonders schön ist es, den Osterbaum gemeinsam mit der ganzen Familie zu basteln: Kinder jeden Alters finden dabei interessante Aufgaben.
Wer es zu schwierig findet, das Gestell für den Osterbaum selbst zu basteln, kann natürlich auch einige frisch geschnittene Zweige als Osterstrauch zusammenbinden und mit bemalten Eiern behängen. Wenn die Zweige im Wasser stehen, werden sie nach einiger Zeit sogar Blätter austreiben.

Das wird benötigt

- vier Holzstäbe in unterschiedlichen Längen
- Blumendraht
- frische Buchsbaumästchen
- ein kleines Holzbrett mit einem Loch in der Mitte
- eine Schale
- Sand, etwas Moos und Frühlingsblumen
- 12 rohe Eier
- Nadel und Zahnstocher
- eine kleine Schale
- einige Streichhölzer oder Holzperlen
- Nähgarn

1. Der längste Holzstab wird der Stamm des Baumes. Die übrigen befestigen wir quer als Äste daran, den kürzesten ganz oben und den längsten ganz unten. Dafür werden die Kreuzungsstellen vorher leicht eingekerbt und dann fest mit Blumendraht umwunden.
2. Dann wird das Baumgestell mit den Buchsbaumästchen umwunden, die wir an den Zweigen von außen nach innen und am Stamm von oben nach unten mit Blumendraht festwickeln.
3. Nun wird der Baum auf das Brett mit dem Loch gesteckt und auf eine Schicht Sand in die Schale gestellt. Diese füllen wir anschließend mit Sand auf, bis der Baum stabil steht.
4. Den Sand bedecken wir mit Moos und Frühlingsblumen.
5. Die Eier, die am Baum hängen sollen, müssen zuerst ausgeblasen werden. Dafür machen wir in jedes rohe Ei mit einer Nadel oben und unten je ein Loch, das ca. 2 mm groß ist. Durch eines dieser Löcher rühren wir mit einem Zahnstocher das Innere des Eis um, damit es leichter herauskommt. Dann wird jedes Ei in die kleine Schale ausgeblasen.
6. Vor dem Bemalen werden die Eier mit etwas Spülmittel gut ausgespült. Sobald sie wieder trocken sind, verzieren wir sie bunt – jedes Familienmitglied darf mindestens ein Ei bemalen. Damit dies leichter gelingt, kann man Eierbecher oder abgeschnittene Stücke einer Küchenrolle als Halter benutzen.

7. Wenn die Farbe getrocknet ist, werden die Eier schließlich am Osterbaum aufgehängt. Dafür knoten wir ein Stück Nähgarn um die Mitte eines kurzen Streichholzstückchens. Dieses stecken wir durch das obere Loch ins Ei. Dort stellt es sich quer und hält das Ei sicher fest. Eine andere Möglichkeit ist, einen Faden ganz von oben bis unten durch die Löcher im Ei zu führen und an seinem unteren Ende eine hübsche Holzperle festzuknoten, die das Ei am Herunterfallen hindert.

Klatschbilder

Die ersten Blumen und Schmetterlinge liefern für diese bunten Bilder viele schöne Ideen. Bei Klatschbildern wissen kleine Künstler beim Malen oft noch nicht genau, was schließlich dabei herauskommt – dadurch sind sie viel spannender als „normales" Malen.

Das wird benötigt

- flüssige Farbe, die nicht zu schnell trocknet, am besten Wasserfarben oder Fingerfarben
- Pinsel
- Papier

1. Vor dem Malen wird das Papier in der Mitte zusammengefaltet, dann wieder geöffnet.
2. Nun bemalen wir die eine Hälfte des Papiers, zum Beispiel mit einem Schmetterlingsflügel.
3. Solange die Farbe noch feucht ist, falten wir das Papier schnell wieder entlang des Knicks und drücken es fest zusammen. Danach behutsam wieder öffnen und staunen, was nun für ein Bild ent-

standen ist! Noch interessanter ist es, einfach nur bunte Frühlingsfarben auf dem Papier zu verteilen und sich vom Ergebnis ganz überraschen zu lassen.

4. Zuletzt können die entstandenen Formen mit Farbe weiter ergänzt oder hervorgehoben werden.

Papierschnipsel-Mosaik

Das Papierschnipsel-Mosaik ist eine lustige Abwechslung zu gemalten Bildern. Nicht nur für Kinder ist es faszinierend zu sehen, wie aus bunten Papierschnipseln richtige Bilder entstehen. Wer kein Farbpapier im Haus hat, findet in alten Zeitschriften genügend Rohmaterial für die Papierschnipsel.

Das wird benötigt

- buntes Papier, in kleine Schnipsel gerissen oder geschnitten
- weißes oder einfarbiges Papier als Hintergrund
- Klebstoff
- Stifte zum Vorzeichnen

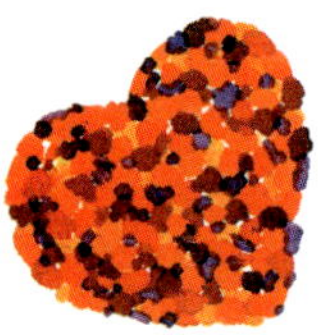

1. Mit einem Stift werden die Umrisse des geplanten Bildes auf dem Hintergrund vorgezeichnet.
2. Dann werden die Papierschnipsel so auf das Bild geklebt, dass sie die Umrisse ausfüllen – wie bei einem Mosaik. Dabei die vorgezeichneten Linien überkleben, damit man sie später nicht mehr sieht.

Schachteltiere

Aus einfachen Schachteln lassen sich tolle Kunstwerke basteln, die nicht nur hübsch aussehen, sondern auch als Versteck für kleine Schätze dienen – Süßigkeiten, Stifte oder Haarspangen sind hier hervorragend aufgehoben. Mit etwas Fantasie können neben Schwein und Kuh noch viele weitere Tiere gebastelt werden.

Das wird benötigt

- leere Pappkartons in verschiedenen Größen für Körper, Köpfe oder Schnauzen
- Papprollen (vom Toilettenpapier oder halbierte Küchenrollen) als Beine
- Klebstoff
- Farben und Pinsel
- Buntpapier und Schere
- Pfeifenputzer
- Klarlack

1. Die Schachteln und Papprollen werden in den entsprechenden Farben für das jeweilige Tier angemalt: für die Kuh gescheckt, für das Schweinchen einfarbig rosa. Für die Kuh werden zwei zusätzliche Papprollen als Hörner angemalt.
2. Die Papprollen für die Beine überkreuz knapp 1 cm weit einschneiden, aufklappen und von unten an die Schachtel kleben, die den Körper bildet.

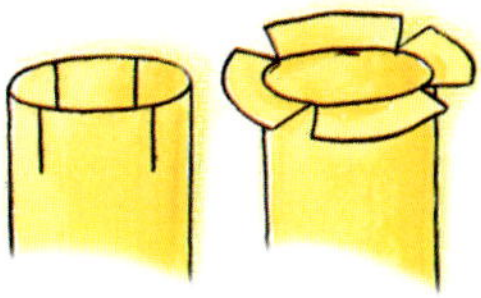

3. Als Nächstes kleben wir die kleinen Schachteln für den Kopf der Kuh bzw. die Schnauze des Schweinchens an den Körpern fest. Bei der Kuh werden nun außerdem die Hörner festgeklebt.

4. Dann werden Augen, Nasenlöcher und Zunge aus Buntpapier ausgeschnitten und aufgeklebt. Wer möchte, kann kleine Details wie Mundwinkel oder Wimpern mit Buntstiften aufmalen.
5. Den Pfeifenputzer formen wir zu einem Ringelschwänzchen bzw. Kuhschwanz, dann kleben wir diese hinten an die Schachteltiere.
6. Zum Schluss überziehen wir jedes Schachteltier mit Klarlack, damit es länger schön bleibt. Dafür den Deckel von der Schachtel nehmen und getrennt lackieren – sonst könnte er festkleben, und das Schachteltier ließe sich nicht mehr öffnen.

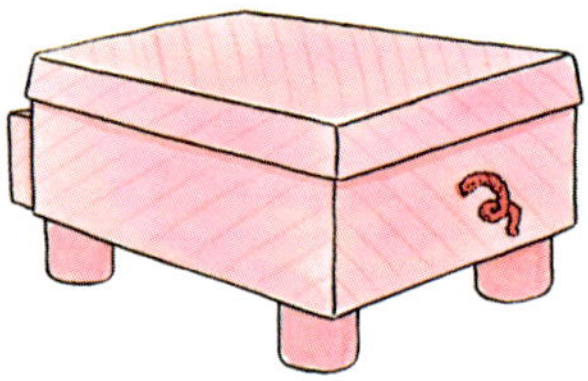

Schachtelzug

Ein Traum für kleine Lokomotivführer: Aus alten Schuhkartons lässt sich mit wenig Mühe, aber viel Spaß ein Spielzeug-Zug basteln, der Teddybären und Puppen durchs Kinderzimmer fährt. Gleichzeitig nehmen die Schachteln jede Menge Krimskrams auf.

Das wird benötigt

- mehrere Schuhkartons und ein kleinerer Karton als Führerhaus für die Lok
- Papprollen (von Toilettenpapier oder Küchenrolle)
- Klebstoff
- Farben und Pinsel
- Buntpapier und Schere
- Klarlack
- Paketschnur oder kleine Haken und Ösen aus dem Baumarkt
- Klebeband

1. Zuerst werden alle Schachteln und Rollen nach Lust und Laune bunt bemalt.

2. Dann kleben wir die kleine Schachtel als Führerhaus auf den Schuhkarton, der die Lok werden soll. Außerdem bekommt die Lok eine Papprolle als Kamin. Die Papprollen werden von unten quer an die Schuhkartons geklebt, sodass sie wie Räder aussehen.
3. Aus Buntpapier werden Lichter, Fenster und weitere Verzierungen ausgeschnitten und auf den Schachtelzug geklebt.
4. Dann alle Waggons und die Lok mit Klarlack überziehen und gut trocknen lassen. Zum Lackieren ist es am besten, die Deckel von den Schachteln abzunehmen, dann können sie nicht festkleben.
5. Zuletzt werden kurze Stücke Paketschnur hinten an die Lok und an beide Enden jedes Waggons geklebt: einfach von unten mit dem Klebeband an den Schachtelboden kleben. Mit Schleifen lassen sich die Waggons nun ganz einfach an die Lok hängen. Wer kleine Haken und Ösen zur Verfügung hat, klebt stattdessen diese an die Waggons, um sie miteinander zu verbinden.

Schreibtischset

Sobald ein Kind in die Schule kommt, hat es jede Menge Schreibutensilien zu verstauen. Mit einem Schreibtischset ist das ganz einfach, und wenn es selbst gebastelt ist, macht Ordnung halten sogar richtig Spaß!

Das wird benötigt

- eine große, flache Pappschachtel
- eine kleinere Schachtel
- eine Papprolle (vom Toilettenpapier)
- eine flache runde Käseschachtel
- Klebstoff
- Farben und Pinsel
- drei Becher (z. B. ausgespülte Joghurtbecher)
- ein Eiweiß
- 9 Teelöffel Puderzucker
- Mixer oder Schneebesen, kleine Schüssel
- Klarlack

1. Zuerst werden die Innenseiten der kleinen Schachtel, der Papprolle und der Käseschachtel dunkel ausgemalt.
2. Dann kleben wir diese drei Schachteln auf die Oberseite der großen Schachtel.
3. Während der Kleber trocknet, bereiten wir die Farbe vor: Das Eiweiß muss mit dem Mixer in einer Schüssel aufgeschlagen werden, bis es steif ist. Dann wird vorsichtig der Puderzucker untergerührt. Wir verteilen das Eiweiß auf die drei Becher und rühren in jeden Becher eine andere Farbe ein.

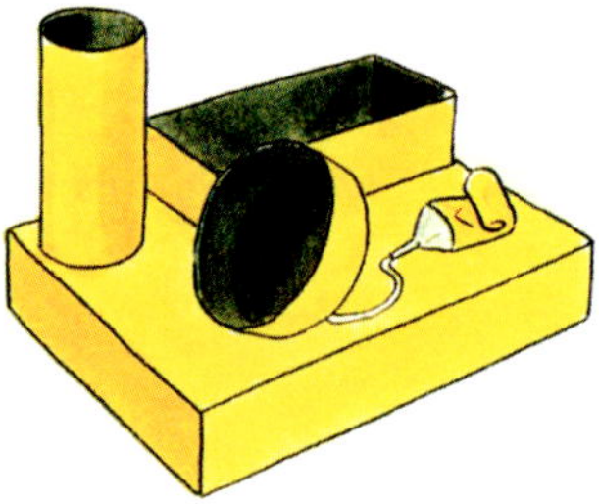

4. Nun wird das Schreibset zuerst mit einer der vorbereiteten Farben ringsum bemalt, außer am Boden und an den Innenseiten der kleinen Schachteln, die ja schon ausgemalt sind.
5. Danach tropfen wir die anderen beiden Farben auf die erste Farbe, sodass sich ein schönes Muster ergibt. Anschließend müssen die Farben gut trocknen.
6. Zuletzt wird das Schreibset mit Klarlack überzogen, um die Farben zu schützen.

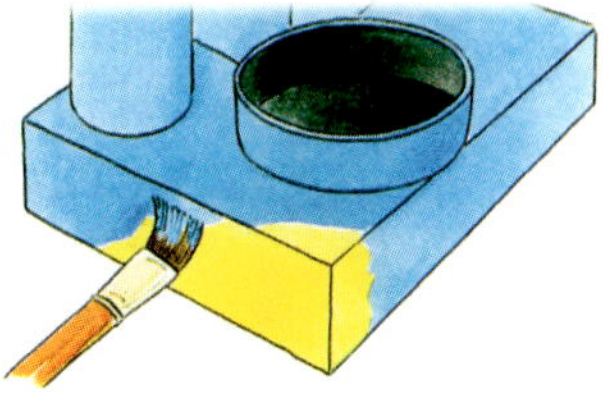

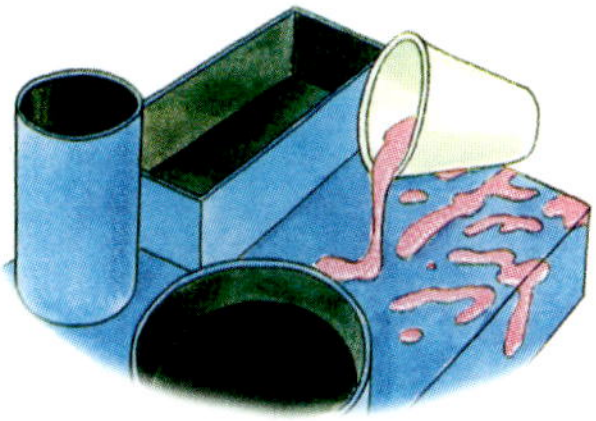

Eierschalen-Kerzen

Besonders zu Ostern sind Eierschalen-Kerzen eine tolle Bastelidee und eine witzige Dekoration für jeden Oster-tisch. Die Kerzen eignen sich auch gut als kleines Geschenk, das ganz individuell bemalt werden kann.

Das wird benötigt

- Eierschalen (am besten einfach die Frühstückseier vorsichtig aufschlagen und auslöffeln)
- Kerzenreste oder Kerzenwachs aus dem Bastelladen
- Kerzendocht (aus dem Bastelladen)
- eine leere Konservendose und ein kleiner Topf
- Topfhandschuhe
- Eierbecher oder ein Eierkarton
- Farbe und Pinsel

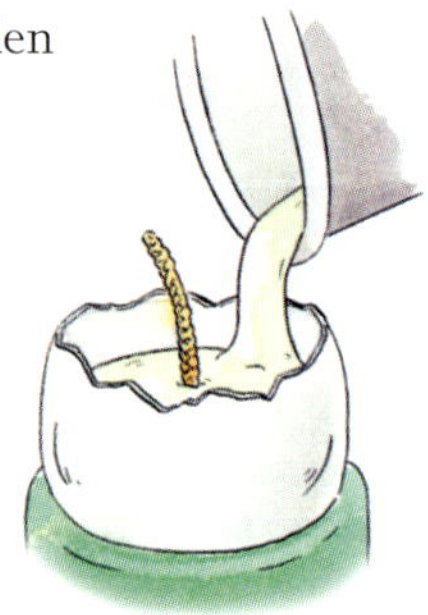

1. Die Eierschalen innen gut ausspülen und trocknen lassen.
2. Kerzenreste oder Kerzenwachs in die Konservendose füllen und im Wasserbad schmelzen: Dafür machen wir im Kochtopf etwas Wasser heiß und stellen dann die Konservendose hinein. Achtung: Es darf kein Wasser in die Konservendose kommen!
3. Wenn das Wachs flüssig ist, stellen wir die Eierschalen in die Eierbecher oder den Eierkarton. Wir halten ein Stück Kerzendocht in eine Eierschale und gießen dann vorsichtig das Kerzenwachs hinein. Dabei Topfhandschuhe benutzen, weil die Konservendose heiß wird! Der Docht sollte danach noch kurz gehalten werden, bis das Wachs fest genug ist, damit er nicht untergeht.
4. Sobald das Wachs abgekühlt und fest ist, können die Eierschalen ganz einfach bemalt werden.

Häschen und Küken

Kleine Häschen und Küken zu basteln macht allen Kindern Spaß, vor allem, wenn es so leicht geht wie mit Krepppapier. Die Tierchen können als kleine Abwechslung am Osterstrauß aufgehängt werden oder als hübsche Tischdekoration dienen.

Das wird benötigt

- gelbes und braunes Krepppapier
- Tonpapier in weiß, braun, schwarz sowie rosa oder orange
- Stift und Schere
- weiße Watte
- Klebstoff
- Nadel und Faden

1. Sowohl vom gelben als auch vom braunen Krepppapier werden je ein breites (ca. 4 cm) und ein schmales (ca. 2,5 cm) Stück abgeschnitten – das geht am einfachsten, wenn das Krepppapier noch locker aufgerollt ist.

2. Diese Streifen werden auseinandergerollt und dann ordentlich und ganz eng wieder aufgerollt. Die Enden kleben wir fest, damit sich die Rollen nicht wieder öffnen können.
3. Nun wird jeweils die schmale Rolle auf die breite Rolle geklebt, und schon sind Kopf und Körper der Tiere fertig.
4. Auf dem Tonpapier zeichnen wir in den passenden Farben Augen, einen Schnabel und Entenfüße für das Küken sowie Ohren, Barthaare, Füßchen und ein Näschen für das Häschen aus. Diese kleben wir dann an

den Körpern fest. Das Häschen bekommt außerdem noch ein kleines Wattebällchen als Schwänzchen.

5. Um die Tierchen aufzuhängen, ziehen wir einfach mit einer Nadel einen Faden quer durch die Rolle, die den Kopf bildet, und knüpfen ihn zu einer kleinen Schlinge.

Lustiges Osternest

Wer sagt, dass man für ein Osternest immer ein Körbchen braucht? Wer eine lustige Alternative sucht, bastelt sein Nest aus einem Eierkarton – da beginnt der Spaß schon lange vor dem Verstecken!

Das wird benötigt

- ein Eierkarton für 10 Eier
- Farben und Pinsel
- rotes oder orangefarbenes Tonpapier
- ein schwarzer Filzstift
- Schere, Klebstoff
- vier Styroporkugeln (aus dem Bastelladen, Durchmesser ca. 3 cm)
- vier Streichhölzer
- Ostergras

1. Als Erstes wird vom Eierkarton der Deckel abgeschnitten und beiseite gelegt. Den Rest des Eierkartons malen wir mit kräftigen Farben an: die vier Mittelholme in leuchtendem Gelb und den Rest des Kartons innen und außen in Wiesengrün.
2. Dann brechen wir die Köpfe der Streichhölzer ab. Wir bohren mit der Schere in jede Styroporkugel ein kleines Loch und geben etwas Klebstoff hinein. Dann stecken wir die Styroporkugeln auf die Streichhölzer.
3. Als Nächstes werden die Styroporkugeln ebenso gelb angemalt wie die Mittelholme des Eierkartons. Dann bohren wir mit der Schere auch in die Spitze jedes Mittelholms ein Loch und stecken die Streichhölzer, auf denen die Kugeln sitzen, dort hinein.

4. Aus dem Tonpapier werden vier kleine Kükenschnäbel ausgeschnitten. Jede gelbe Kugel bekommt nun einen Schnabel angeklebt. Dann malen wir noch die Augen mit dem schwarzen Filzstift auf, und schon sitzen vier kleine Küken in unserem Eierkarton.
5. Jetzt muss der Eierkarton nur noch mit Ostergras gefüllt werden, damit er ein richtiges Osternest ist – und natürlich legen wir noch einige Ostereier oder Schokoladeneier hinein.

Pappnasen für jede Gelegenheit

Es gibt kaum eine einfachere Verkleidung als eine Pappnase – und doch lassen sich damit die tollsten Verwandlungen bewerkstelligen. Mit der richtigen Nase kann jeder zum Professor, zur Katze oder natürlich zum lustigen Clown werden!

Das wird benötigt

- kleine Schachteln, z. B. von Glühbirnen, Schrauben, kleinem Spielzeug
- Schere
- Gummiband
- Streichhölzer
- Farbe und Pinsel
- Klebstoff
- farbiges Papier
- Wollreste

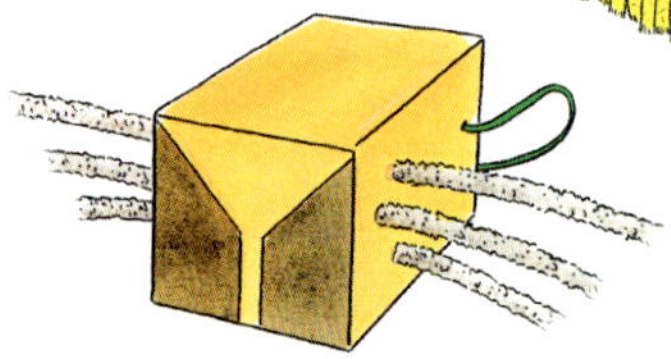

1. Zuerst muss die Schachtel so zurechtgeschnitten werden, dass sie auf die Nase passt: Dafür eine Seite ganz herausschneiden und falls nötig in die Seite, die später oben sein soll, eine kleine Rundung für den Nasenrücken schneiden.
2. Links und rechts von der offenen Seite werden mit der Schere zwei kleine Löcher gebohrt. Durch eines der Löcher wird von außen ein Stück Gummiband hineingeschoben und um ein Stück Streichholz gebunden, von dem wir vorher den Kopf abgeschnitten haben.
3. Nun wird die Pappnase an die Nase gehalten und das Gummiband um den Kopf geführt, um die richtige Länge zuzuschneiden. Sobald das Gummiband abgeschnitten ist, wird sein loses Ende durch das zweite Loch in die Pappnase

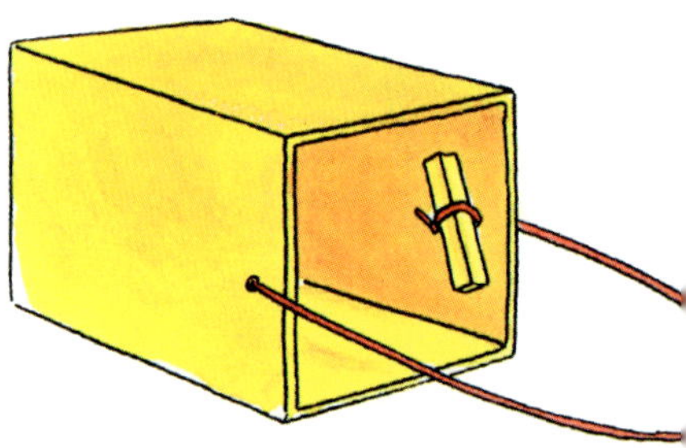

geschoben und hier ebenfalls um ein Stück Streichholz gebunden. Ein kleiner Tipp: Es ist besser, das Gummiband etwas zu lang als zu kurz zuzuschneiden – notfalls kann man es mit einigen Knoten ganz einfach verkürzen.

4. Nun muss die Pappnase nur noch verziert werden, und hier sind der Fantasie fast keine Grenzen gesetzt. Als Erstes wird die Pappnase natürlich bemalt. Dann können wir viele lustige Extras an sie kleben: eine lange Zunge, die wir vorher aus rotem Papier ausgeschnitten haben, einen Rauschebart aus weißer Watte, ein altes Brillengestell, Wollfäden, die einen bunten Schnurrbart bilden, Pfeifenputzer als Schnurrhaare und noch vieles mehr.

5. Wir können aus der Pappnase sogar eine Maske für das ganze Gesicht basteln, indem wir in einen Pappteller Löcher für Augen und Nase schneiden, die Pappnase auf die Öffnung für die Nase setzen und ihre Gummibänder durch zwei kleine Löcher im Pappteller ziehen. Der Pappteller wird dann ebenfalls bemalt, zugeschnitten oder nach Lust und Laune verziert.

Spielidee: Pappnasen-Party

Sich verkleiden macht nicht nur im Karneval Spaß – deshalb kann man immer dann eine Pappnasen-Party feiern, wenn mehrere Kinder zusammenkommen. Erst werden gemeinsam die Pappnasen gebastelt und dann schlüpft jedes Kind in eine lustige Rolle.

Schachtelmaske

An dieser Maske gefällt Kindern besonders gut, dass man sie darunter kaum erkennen kann. Toll ist außerdem, wie viele Möglichkeiten sie bietet, denn mit etwas Fantasie nimmt die Schachtelmaske die unglaublichsten Formen an!

Das wird benötigt

- ein Karton, der groß genug ist, um ihn über den Kopf zu stülpen
- Stifte und eine Schere
- Klebstoff
- Farbe und Pinsel
- kleinere Schachteln, Papprollen, Wollreste, alte Bürsten oder Ähnliches zum Dekorieren

1. Eine Seite des Kartons wird ganz weggeschnitten, um ihn bequem aufsetzen zu können. Falls der Karton sehr groß ist, kann man ihn an den Seiten bogenförmig ausschneiden, damit er bis über die Schultern reicht.
2. Dann zeichnen wir die Öffnungen für Augen, Mund und Ohren auf den Karton und schneiden sie aus. Falls der Karton zu dick für eine Schere ist, kann ein Erwachsener mit dem Teppichmesser beim Ausschneiden helfen.

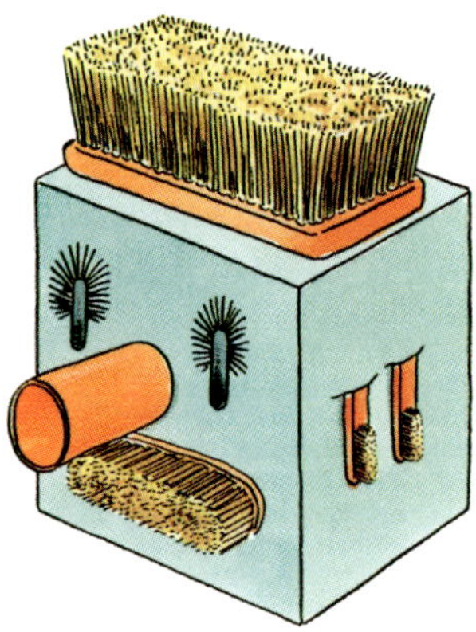

3. Der Karton wird nun zuerst rundum mit einer Grundfarbe angemalt. Sobald sie ganz trocken ist, kleben wir das verschiedene Zubehör auf den Karton: Zum Beispiel eine kleine Schachtel oder eine Papprolle als Nase, Wollfäden, Krepppapier-Streifen oder eine Bürste als Haare und Bart, oder aus Buntpapier ausgeschnittene Lippen oder Augenbrauen. Mit doppelseitigem Klebeband kann man sogar einen echten Hut auf der Maske befestigen!
4. Wer seine Maske noch weiter verzieren möchte oder nicht so viel Material zum Aufkleben finden konnte, bemalt sie danach einfach noch weiter, zum Beispiel mit feinen Wimpern.

Schachtel-Roboter

Aus großen Kartons lassen sich nicht nur Masken, sondern sogar richtige Roboter-Anzüge basteln. Dafür benötigen wir zusätzlich zum Karton für den Kopf noch einen größeren, der über den Körper passt. Der bekommt oben und unten je ein großes Loch für Kopf und Beine und links und rechts Löcher, durch die die Arme gesteckt werden. Nun noch beide Kartons in derselben Farbe bemalen und als Roboter dekorieren, zum Beispiel mit einer alten Radioantenne, die an den Kopf geklebt wird. Mit einer alten Taucherbrille als Guckloch und beklebt mit Silberfolie lässt sich der Roboter-Anzug auch ganz leicht in einen Astronauten-Anzug verwandeln, der spannende Ausflüge auf fremde Planeten erlaubt!

Glückskäfer

Die letzten Walnussschalen von Weihnachten lassen sich im Frühjahr ganz einfach in hübsche Glückskäfer verwandeln – ideal, um kleine Geschenke zu dekorieren oder jemandem zu zeigen, dass man an ihn denkt. Natürlich eignen sich die Glückskäfer genauso gut dazu, das eigene Zimmer zu verschönern, zum Beispiel mit einer kleinen Marienkäfer-Parade auf dem Fensterbrett.

Das wird benötigt

- Walnussschalen-Hälften
- schwarzes Tonpapier
- Bleistift und Schere
- Farbe und Pinsel
- Klebstoff

1. Zuerst werden die Walnussschalen von außen in einem kräftigen Rot angemalt.
2. Während sie trocknen, zeichnen wir auf dem Tonpapier die Körper für die Glückskäfer vor: An ein Oval, das etwas größer als eine Walnusshälfte ist, werden sechs Beinchen und ein Kopf mit Fühlern gezeichnet. Dann werden die Körper ausgeschnitten. Eventuell noch sichtbare Bleistiftlinien danach wegradieren oder die Glückskäfer-Körper einfach umdrehen, sodass man sie nicht sieht.

3. Nun wird auf jeden Glückskäfer-Körper eine Walnussschale geklebt – gut festdrücken, damit sie auch hält!

4. Sobald der Kleber trocken ist, können wir endlich die Marienkäfer-Punkte aufmalen. Wie viele Punkte es werden, darf sich jeder selbst aussuchen, schließlich haben echte Marienkäfer auch unterschiedlich viele Punkte.

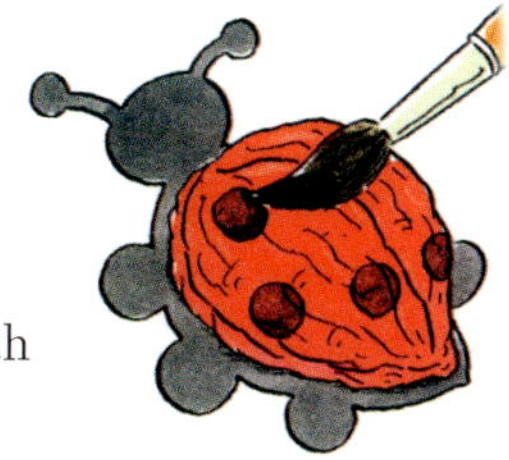

Spielidee: Glückskäfer-Knobeln

Grundschulkinder können mit den Glückskäfern sogar ihre Rechenkünste zeigen. Dafür werden viele Glückskäfer mit unterschiedlich vielen Punkten benötigt. Zusätzlich brauchen wir drei kleine Papierstücke für die Rechenzeichen: eins mit einem Plus, eins mit einem Minus, und eins mit einem Gleich-Zeichen. Ein Spieler denkt sich eine Rechenaufgabe aus und legt sie aus Glückskäfern mit der entsprechenden Punktezahl und den passenden Rechenzeichen – nur ein Glückskäfer wird weggelassen. Je nachdem, wie gut alle Mitspieler schon rechnen können, muss das nicht der Käfer nach dem Gleich-Zeichen sein; wenn es einer aus der Rechnung ist, wird die Aufgabe noch etwas schwieriger. Wer zuerst den richtigen Glückskäfer einsetzt, bekommt einen Punkt – und der Gewinner vielleicht sogar einen Glückskäfer aus Schokolade!

Bunte Gemüsetiere

Gemüse schmeckt gleich viel besser, wenn man auch einmal etwas Schönes daraus basteln darf – und wenn das Gebastelte nicht mehr gefällt, kann man es einfach aufessen. So haben die Kinder auch gleich eine schöne Beschäftigung, wenn sie in der Küche beim Kochen dabei sein wollen. Mit etwas Fantasie werden sie neben Pferdchen, Kartoffelschwein und Kartoffelmännchen auch noch andere lustige Figuren basteln.

Das wird benötigt

- zwei große und zwei kleine rohe Kartoffeln
- eine große Karotte
- etwas krause Petersilie
- Zahnstocher und Streichhölzer
- ein Gemüsemesser
- Stecknadeln oder Pinnwand-Stecker mit dickem Plastikkopf

Kartoffelschwein

1. Um ein Kartoffelschwein zu basteln, bohren wir als Erstes mit dem Messer vier kleine Löcher in eine große Kartoffel und stecken in diese vier Streichhölzer als Beine.
2. Dann wird eine kleine Kartoffel mit ein oder zwei Zahnstochern als Kopf an der großen Kartoffel befestigt. Mit dem Messer schneiden wir an der kleinen Kartoffel eine Schweinsnase zurecht, in die wir zwei kleine Nasenlöcher bohren. Zwei kleine, flache Einschnitte links und rechts am Kopf zaubern Schweineohren, die wir dann vorsichtig aufstellen können.
3. Zuletzt werden zwei Stecknadeln als Augen in die kleine Kartoffel gesteckt. Als Ringelschwänzchen kann ein Halm Schnittlauch dienen.

Kartoffelmännchen

1. Auch das Kartoffelmännchen besteht aus zwei Kartoffeln: Die kleinere wird als Kopf mit einem Zahnstocher auf die größere gesteckt.
2. Mit einem Messer schnitzen wir in die kleine Kartoffel eine breite Kerbe, die wie ein Mund aussieht. Dann schneiden wir von der Karotte die Spitze ab und befestigen sie mit einem Zahnstocher als Nase auf der Kartoffel.
3. Etwas Petersilie verwandelt sich in eine buschige Haarpracht, und zuletzt stecken wir zwei Stecknadeln als Augen an den Kopf und einige weitere als Knöpfe an den Körper.

Karottenpferdchen

1. Aus dem Rest der Karotte entsteht nur ein Pferdchen. Wir schneiden an der Spitze ein Stück ab, das zum Kopf wird: Dafür schneiden wir der Länge nach an der Unterseite einen breiten Streifen ab. Dann stecken wir zwei Stecknadeln als Augen und zwei kurze Streichholzstücke als Ohren hinein, stecken einen Busch Petersilie als Mähne mit einem Zahnstocher fest und schneiden schließlich vorne eine Kerbe ein, die das Pferdemaul bildet. Schließlich bohren wir mit dem Messer unten am Kopf ein Loch, in das wir ein Streichholz stecken.
2. Der Rest der Karotte wird zum Pferdekörper, wobei das Karottengrün gleich den Pferdeschwanz bildet. Wir bohren vier Löcher für die Beine in die Karotte und stecken in jedes ein Streichholz.
3. Zuletzt bohren wir oben am Körper ein weiteres Loch, in das wir den Kopf mit dem bereits daran befestigten Streichholz stecken – und schon ist das Pferdchen fertig!

Kreative Vasen

Ob zum Muttertag oder als Dekoration für das eigene Zimmer: Bei diesen Vasen können kleine Künstler zu Hochform auflaufen. Am einfachsten ist es, die Vasen draußen zu basteln, wo viel Platz ist und es nichts macht, wenn mal ein Klecks danebengeht.

Das wird benötigt

- ein Glas, eine Blechdose oder ein Blumentopf (ohne Loch) als Wasserbehälter
- eine Tüte aus stabilem Papier, die etwas größer als dieser Behälter ist
- Gips (aus dem Baumarkt oder Bastelladen)
- ein großer alter Eimer
- alte Zeitungen zum Unterlegen und am besten ein altes Hemd als Schutz für die Kleidung

1. Als Erstes wird der Arbeitsplatz großzügig mit Zeitungspapier abgedeckt und das alte Hemd übergezogen. Dann rühren wir den Gips wie auf der Packung angegeben im Eimer an.
2. Sobald die Gipsmasse bereitsteht, wird die Tüte vorbereitet: Wir krempeln sie oben um, damit ein stabiler Rand entsteht, und zerknittern sie etwas, sodass sie eine interessantere Form erhält.
3. Nun wird die Tüte in den Gips getaucht, bis sie rundum damit überzogen ist. Am besten halten wir die Tüte dabei an der Innenseite, denn dort muss kein Gips hinein.
4. Wir nehmen die Tüte wieder aus dem Eimer und lassen sie darüber abtropfen. Dabei können wir sie behutsam noch etwas in Form drücken.

5. Dann wird die Tüte auf Zeitungspapier gesetzt und der Wasserbehälter hineingestellt. Nun müssen wir nur noch warten, bis die Vase ganz getrocknet ist. Wer möchte, kann sie dann sogar noch bunt bemalen.

Karnevals-Kostüme

Nicht nur im Karneval macht es einfach Spaß, einmal in fremde Kleider zu schlüpfen und sich als jemand anders zu verkleiden. Das müssen nicht immer Fantasiegestalten sein – auch die Kleider der Eltern oder älterer Geschwister üben auf die meisten Kinder eine große Faszination aus, und sie verkleiden sich damit als Geschäftsleute, Theaterbesucher und vieles mehr.

Das wird benötigt

- abgelegte Kleidungsstücke von Familienmitgliedern oder Freunden
- witzige Accessoires wie Papas alte Krawatte, Gürtel oder Hüte, die aus der Mode sind
- Nadel und Faden

1. Anstatt den Kleiderschrank der Eltern zu plündern, verwenden wir einige Kleidungsstücke, die sowieso ein Fall für die Kleidersammlung sind – am besten möglichst altmodische oder verrückte Teile.
2. Wir kombinieren sie mit lustigen Accessoires, wobei es weniger darauf ankommt, ob die Sachen zusammenpassen, sondern vielmehr darauf, was die Kinder witzig oder faszinierend finden.
3. Kleidungsstücke, die zu weit sind, binden wir mit Gürteln oder bunten Tüchern so zu, dass sie nicht gleich wieder herunterrutschen. Manchmal ist es auch am einfachsten, überlange Ärmel oder Hosenbeine mit Nadel und Faden umzunähen.
4. Wenn alle Kinder fantasievoll verkleidet sind, feiern wir ein spontanes Kostümfest oder wir spielen selbst erfundene Theaterstücke.

Mein eigenes Mobile

Schon Säuglinge beobachten fasziniert alle Dinge, die über ihrem Bettchen aufgehängt sind, aber auch ältere Kinder erfreuen sich an einem hübschen Mobile – vor allem, wenn sie es selbst gebastelt haben. Ein Mobile kann ganz individuell gestaltet werden und viele Dinge enthalten, die eine persönliche Bedeutung für ein Kind haben: Fotos von Freunden, der Familie oder einem schönen Ausflugsort, selbst gesammelte Federn und Aststücke, bunte Bänder, schillernde Perlen, glitzernde Anhänger und viele weitere kleine Kostbarkeiten.

Das wird benötigt

- Bindfaden oder Drachenschnur
- Nähnadel
- Klebstoff
- eine Auswahl geeigneter Objekte zum Aufhängen
- für ein Deckenmobile außerdem einige leichte Holzstäbe oder dünne, möglichst gerade und trockene Äste in verschiedenen Längen

1. Als Erstes wird an jedem Objekt, das an das Mobile gehängt werden soll, ein kurzes Stück Bindfaden oder Drachenschnur befestigt: Je nach Gegenstand kann es festgeknotet, angeklebt oder mit einer Nähnadel durch ein kleines, zuvor gebohrtes Loch gezogen werden. Die einzige Ausnahme sind bunte Bänder, die ohne Schnur einfach an das Mobile gehängt werden können.
2. Für die einfachste Form eines Mobiles spannen wir nun ein längeres Stück Bindfaden oder Drachenschnur an einem Ort, an dem man es gut sehen kann, zum Beispiel quer über eine Zimmerecke. Am einfachsten ist, es an zwei Bilderhaken zu befestigen.
3. Dann werden die Anhänger mit den zuvor angebrachten Fäden daran befestigt. Ein kleiner Tipp: Wer eine Schleife statt eines Knotens macht, kann die Anhänger später leichter austauschen oder neu anordnen.
4. Um ein Deckenmobile zu basteln, nehmen wir ebenfalls ein längeres Stück Bindfaden oder Drachenschnur. An dieses Stück werden zuerst die Holzstäbe bzw. Äste geknotet, und zwar jeweils so, dass sie zu beiden Seiten etwa gleich weit überstehen, möglichst waagerecht hängen und in verschiedene Richtungen zeigen. Der Abstand zwischen den Holzstäben sollte groß genug sein, um auch zwischen den Stäben kleine Anhänger anbringen zu können.

5. Dann werden die Anhänger paarweise so an den Enden der Stäbchen befestigt, dass jedes Stäbchen im Gleichgewicht bleibt (am besten wieder mit Schleifen). Meist genügt es, einen Gegenstand etwas weiter zur Mitte oder nach außen zu verschieben, um ihn mit seinem Gegengewicht auszubalancieren. Zuletzt muss das Deckenmobile nur noch mit einem Haken an der Zimmerdecke aufgehängt werden.

Fantasievolles Ostergebäck

Aus Hefeteig kann man nicht nur Osterzopf backen, sondern auch fantasievolles kleines Gebäck, das leicht von Kinderhänden geformt werden kann – und gemeinsam macht das Backen doch gleich doppelt so viel Spaß!

Das wird benötigt

- 500 g Mehl
- 1 Würfel Hefe oder 1 Päckchen Trockenhefe
- 2 Eier
- 75 g Zucker
- etwas Salz
- 50 g Butter
- 250 ml Milch
- einige Rosinen
- verquirltes Eigelb, Backpinsel
- Schere
- Alufolie

Hefeteig vorbereiten

1. Wer frische Hefe verwendet, löst sie als Erstes in einigen Löffeln warmer Milch auf. Das Mehl in eine Schüssel sieben und alle übrigen Zutaten außer den Rosinen und dem verquirlten Eigelb dazugeben. Gut vermischen und von Hand 10 bis 15 Minuten durchkneten, bis der Teig glatt ist.

2. Dann wird die Schüssel mit dem Teig mit einem Tuch bedeckt und an einem warmen Platz ohne Zugluft stehen gelassen, bis der Teig in etwa auf das Doppelte aufgegangen ist. Dabei nicht zu oft unters Tuch schauen, sonst braucht er länger zum Aufgehen!

Osterhasen

1. Sobald er aufgegangen ist, kann der Teig verarbeitet werden, zum Beispiel zu kleinen Osterhasen. Dafür nehmen wir etwas Teig und formen daraus eine größere und zwei kleinere Kugeln. Eine der kleinen Kugeln wird an die größere Kugel gesetzt – so entstehen Kopf und Körper.
2. Die dritte Kugel rollen wir zu einem Oval, setzen sie an den Kopf und schneiden sie dann der Länge nach mit einer Schere ein, sodass zwei lange Ohren entstehen.

3. Das Häschen wird nun aufs Backblech gelegt und leicht flachgedrückt. Dann bekommt es noch zwei Rosinen als Augen und eine weitere als Näschen eingedrückt. Zuletzt wird das Häschen mit dem verquirlten Eigelb bestrichen und im vorgeheizten Backofen bei 200 Grad ca. 20 Minuten lang gebacken, bis es goldbraun ist.

Ostertauben und Osternester

1. Sowohl für Ostertauben als auch für kleine Nester wird der Hefeteig als Erstes zu langen Rollen geformt, die 1 bis 2 cm dick sind.
2. Eine Ostertaube entsteht, indem wir eine Teigrolle zu einem einfachen Knoten schlingen. Das eine Ende der Teigrolle wird zu einem kleinen Vogelschwänzchen geformt, das andere zu einem Köpfchen mit Schnabel. In den Kopf drücken wir außerdem noch eine Rosine als Auge.
3. Ebenso einfach können wir kleine Nester für einzelne Ostereier formen: Dafür drehen wir eine Teigrolle ein paar Mal ein, damit sie eine schönere Form bekommt, und schließen sie dann zu einem Ring, der in der Mitte Platz für ein Osterei bietet. In die Mitte können wir ein gekochtes Ei drücken, damit sie die richtige Form bekommt. Das Ei wieder herausnehmen und beim Backen ein „Ei“ aus zusammengeknüllter Alufolie hineinlegen, damit die Mulde erhalten bleibt.

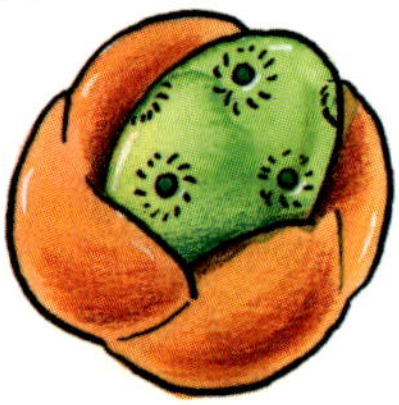

4. Vor dem Backen werden auch die Ostertauben und Osternester mit verquirltem Ei bestrichen, damit sie eine schönere Farbe bekommen. Sie werden ebenfalls im vorgeheizten Backofen bei 200 Grad 15 bis 20 Minuten lang gebacken.

Einfache Spielrassel

Singen und Tanzen macht Kindern viel Spaß, und noch lustiger ist es, wenn sie den Rhythmus mit einer Rassel begleiten können. Eine einfache Rassel lässt sich im Handumdrehen selber basteln – da macht es nichts, dass sie nicht besonders haltbar ist, denn für ein neues Spiel ist schnell wieder eine Rassel gebaut.

Das wird benötigt

- 2 leere, gleich große Joghurtbecher
- eine kleine Handvoll ungekochte Reiskörner
- Klebeband

1. Die Joghurtbecher müssen gut ausgespült werden und vor allem ganz trocken sein, damit der Reis nirgendwo festklebt – also lieber vor dem Zusammenbasteln schnell noch mal austrocknen.
2. Wir stellen einen Becher auf den Tisch und füllen den Reis hinein. Dann wird der zweite Becher mit der Öffnung daraufgesetzt.
3. Zuletzt muss die Nahtstelle zwischen den Bechern gut mit Klebeband umwickelt werden, damit sie fest zusammenhalten. Falls das Klebeband sehr dünn ist, lieber öfter wickeln oder die Becher zusätzlich auch der Länge nach umwickeln. Damit ist die Rassel auch schon fertig!

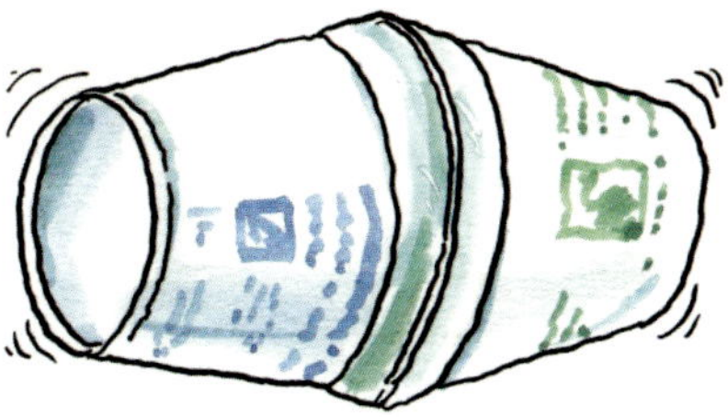

Tier-Malspaß

Tiere malen kann jeder – aber zusammengesetzte Tiere zu malen, ist schon eine kleine Herausforderung, und das Ergebnis mit Sicherheit ein Riesenspaß! Eigentlich ist der Tier-Malspaß eher ein Spiel als eine Bastelarbeit, aber das Ergebnis ist so kreativ, dass er in keinem Bastelbuch fehlen sollte. Sobald zwei oder mehr kleine Künstler zusammenkommen, lassen sich damit die lustigsten Überraschungen erleben.

Das wird benötigt

- Zeichenpapier
- Buntstifte

1. Der erste Künstler beginnt im oberen Bereich des Papiers und malt dort den obersten Teil eines Tieres seiner Wahl – zum Beispiel Hörner, ein Geweih, Ohren oder einen Hahnenkamm. Einzige Regel: Was er malt, darf er niemandem verraten! Und die übrigen Künstler dürfen natürlich nicht sehen, was er malt.
2. Sobald er fertig ist, knickt er das Papier so nach vorne um, dass sein Teil des Bildes verdeckt ist. Man darf nur noch das unterste Stückchen sehen, damit der Nächste sieht, wo er weitermalen muss. Dieser malt nun den nächsten Teil des Tiers, also den Kopf, deckt ihn genauso zu und gibt das Blatt wieder weiter, bis reihum jeder etwas dazumalen konnte. Zuletzt wird das Blatt in die Mitte gelegt, aufgefaltet und natürlich gemeinsam bestaunt.

Sommerlicher Bastelspaß

Blumen- und Blätterkronen

Im Sommer macht das Spielen im Freien am meisten Spaß. Im Wald oder auf der Wiese lassen sich ganz ohne Hilfsmittel schöne Naturkronen für kleine Prinzen und Prinzessinnen basteln. Und wer sich eine richtige Wald- und Wiesenkrone wünscht, sammelt draußen Blumen und Zweige und nimmt sie zum Basteln mit nach Hause.

Das wird benötigt

für eine Blumenkrone:

- Gänseblümchen oder Margeritenblüten mit Stiel

für eine Blätterkrone:

- Buchen- oder Haselnussblätter und Kiefernnadeln

für die Wald- und Wiesenkrone:

- Blumen und Zweige, die dem Bastler besonders gut gefallen
- ein langer Pappestreifen
- Buntstifte oder Farben und Pinsel
- Gummiband
- Klebeband

Blumenkrone

1. Die Blumenkrone ist ganz leicht zu basteln: Man schlitzt einfach den Stiel eines Gänseblümchens etwas unterhalb der Blüte mit dem Fingernagel ein, sodass ein kleiner Spalt entsteht. Der sollte gerade groß genug sein, dass ein Blütenstiel hindurchpasst.
2. Nun wird die nächste Blume mit dem Stiel durch diesen Spalt gesteckt, bis sie mit der Blüte anstößt. Dann machen wir mit ihr genauso weiter: Wieder einen Schlitz in den Blütenstiel machen und die nächste Blüte hindurchstecken.

3. Um die Krone zu schließen, müssen wir in den Stiel des letzten Gänseblümchens einen etwas größeren Schlitz machen, durch den wir dann vorsichtig die Blüte des ersten Gänseblümchens ziehen.
4. Mit Margeriten funktioniert das Ganze natürlich genauso, ihre Stiele sind nur etwas kräftiger.

Blätterkrone

1. Um eine Blätterkrone zu basteln, benötigen wir außer den Blättern noch die langen Nadeln einer Kiefer. Wir sammeln zunächst genügend Blätter und Nadeln.
2. Dann werden zwei Blätter so nebeneinander gelegt, dass sie sich großzügig überlappen. Wo sie doppelt liegen, stecken wir sie einfach mit einer Kiefernnadel zusammen. Die Enden der Nadel sollen nach außen zeigen, wenn die Krone fertig ist.
3. Nun fügen wir auf dieselbe Weise Blatt für Blatt zu unserer Krone hinzu, bis sie einmal um den Kopf reicht und geschlossen werden kann.

Wald- und Wiesenkrone

1. Zuerst werden bei einem Spaziergang bunte Blumen, Blätter und interessante Zweige zum Dekorieren der Krone gesammelt.
2. Zuhause bereiten wir die Krone vor: Dafür wird der Pappestreifen zunächst einmal bunt bemalt. Dann machen wir in seine Enden zwei Löcher und verbinden sie mit dem Gummiband.
3. Der Schmuck aus Blumen, Blättern oder Zweigen wird nun von innen mit Klebeband an die Krone geklebt.

Gartenschlauchtelefon

Mit dem Gartenschlauch lassen sich im Sommer nicht nur wilde Wasserspiele veranstalten – er kann auch als einfaches Telefon dienen. Die lustigen Geräusche, die aus dem Schlauch kommen, machen dabei genauso viel Spaß wie das Telefonieren selbst.

Das wird benötigt

- ein langes Stück Gartenschlauch

1. Wer kein abgeschnittenes Stück Schlauch hat, sondern den Gartenschlauch verwendet, der sonst zum Blumengießen dient, muss als Erstes die Anschlüsse abmontieren. Dann wird der Schlauch ganz abgerollt und ausgeleert – es sollte kein Wasser mehr darin sein.
2. Das Gartenschlauchtelefon ist damit eigentlich schon fertig. Nun müssen wir uns nur noch weit voneinander entfernt aufstellen, und schon kann der eine in den Schlauch sprechen, während der andere ihn zum Zuhören ans Ohr hält.
3. Codewörter wie beim Funken helfen zu erkennen, wann man selbst mit Sprechen dran ist: Wer alles gesagt hat, was er sagen will, hängt „Roger“ oder „Bitte melden“ an – so weiß der andere, dass jetzt Zeit für seine Antwort ist.

Mein eigener Schmetterling

Je mehr Blumen im Garten oder auf dem Balkon blühen, desto größer sind die Chancen, bunte Schmetterlinge ganz aus der Nähe beobachten zu können. Besonders schön ist es, danach eigene kleine Schmetterlinge zu basteln, die mindestens ebenso bunt sind wie die in der Natur.

Das wird benötigt

- Tonpapier oder Fotokarton (Größe DIN A5)
- Bleistift und Schere
- Buntstifte oder Farben und Pinsel
- Schaschlikspieße

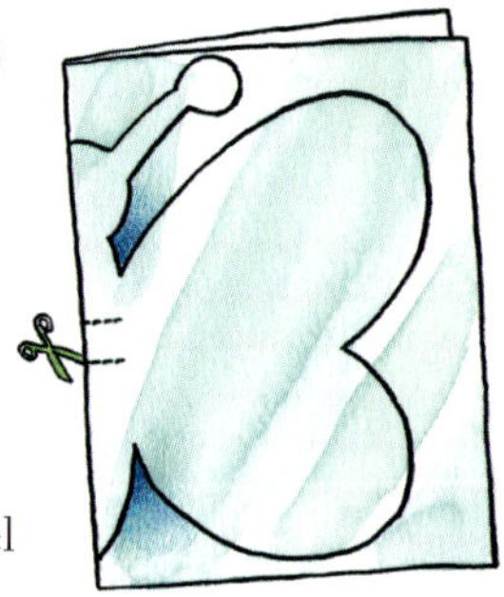

1. Das Papier wird als Erstes auf die Hälfte gefaltet. So sparen wir uns Arbeit beim Ausschneiden, und die Schmetterlingsflügel werden ganz von alleine gleich groß.
2. Als Nächstes zeichnen wir mit Bleistift wie auf der Abbildung einen halben Schmetterling auf das Papier. Der Körper des Schmetterlings liegt dabei entlang der Faltkante. Dann das Blatt fest gefaltet halten und den Schmetterling ausschneiden. Wenn wir das Blatt anschließend wieder aufklappen, liegt ein wunderschöner Schmetterling vor uns.
3. Dieser Schmetterling wird nun in leuchtenden Farben nach Lust und Laune bemalt – entweder wie ein echter Schmetterling oder in bunten Fantasiemustern. Wer Wasserfarben verwendet hat, muss danach etwas abwarten, bis die Farbe trocken ist.
4. Zuletzt wird der Schmetterling nochmal wie beim Ausschneiden zusammengefaltet. Mit einer Schere machen wir zwei kleine Einschnitte in der Mitte des Körpers – gerade groß genug, um einen Schaschlikspieß hindurchzustecken.
5. Sobald der Schmetterling auf den Schaschlikspieß gesteckt ist, können wir ihn am Fensterbrett in einen Blumentopf stecken.

Spielidee: Schmetterlingsflug

Welches Kind wünscht sich nicht, einmal einen bunten Schmetterling auf der Hand sitzen zu haben? Weil echte Schmetterlinge das nur selten tun, lassen wir stattdessen selbst gebastelte Schmetterlinge fliegen. Dafür werden die Einschnitte im Körper des Schmetterlings einfach etwas größer gemacht, sodass ein Kinderfinger hindurchpasst. Die Öffnung vorsichtig aufbiegen und den Finger hineinstecken – schon sitzt ein Schmetterling auf der Hand und wartet darauf, in sanftem Flug über die Wiese getragen zu werden!

Löwenzahn-Ideen

Kinder lieben Löwenzahn: Seine Blüten sind so herrlich gelb, und wenn er verblüht ist, kann man seine Samen wie kleine Fallschirme in die Luft pusten. Außerdem lässt es sich toll damit basteln, und zum Glück findet sich auf fast jeder Wiese genügend Löwenzahn für viele abwechslungsreiche Ideen.

Das wird benötigt

- Löwenzahnblüten mit langen Stängeln (die Stängel gut in klarem Wasser ausspülen, denn ihr weißer Saft kann Haut und Kleidung braun färben)
- ein Eimer Wasser
- für die Wasserrohre: zwei leere Joghurtbecher

Ringelfiguren

1. Aus Löwenzahnstängeln lassen sich wilde Figuren und kreative Kunstwerke erschaffen, und zwar nur mit der Hilfe eines Eimers Wasser. Die Stängel werden dafür mit dem Fingernagel eingeschlitzt oder in Streifen gezogen – zum Beispiel können wir aus einem Stängel zwei kurze Streifen als Arme herausknipsen und sein Ende halbieren, sodass zwei Beine entstehen. Die Blüte bildet natürlich den Kopf.
2. Dann werfen wir die Löwenzahnstängel ins Wasser. Je länger sie dort liegen, desto stärker ringeln sich die Streifen. Wer lässt die verrücktesten Figuren entstehen?

Löwenzahn-Accessoires

1. Aus einer einzelnen Blüte mit einem langen Stiel entsteht im Nu eine schicke Blumenuhr. Dafür müssen wir den Stängel nur dicht unter der Blüte einritzen. Dann wird er ums Handgelenk gelegt und sein Ende durch den Schlitz geschoben – fertig ist die Armbanduhr!
2. Eine passende Sonnenbrille ist fast ebenso schnell gebastelt: Wir brauchen dafür zwei Blüten mit langen Stängeln und ein kürzeres Stück Stängel ohne Blüte. Dicht unterhalb der Blüten wird jeweils ein Schlitz gemacht. Dann ziehen wir den kurzen Stängel durch beide Schlitze, um die beiden gelben „Brillengläser" miteinander zu verbinden.

Wasserrohre

1. Zwischen zwei auf unterschiedlicher Höhe stehenden Joghurtbechern lassen sich aus Löwenzahnstängeln richtige kleine Wasserleitungen legen. Dafür werden zuerst die Blüten von den Stängeln abgebrochen.
2. Wenn die Stängel unterschiedlich dick sind, lassen sie sich wie Rohre ineinanderschieben – so können wir immer ein dickeres Ende auf ein dünneres stecken.
3. Das Wasserrohr wird dann durch ein kleines Loch in den höher stehenden Joghurtbecher gesteckt, sodass das Wasser durch die Löwenzahn-Rohrleitung fließen kann.

Ahornblatt-Becher

Im Wald gibt es immer etwas zu sammeln: Moos zum Basteln, Eicheln oder Nüsse und nicht zuletzt leckere Walderdbeeren. Doch vor allem bei Beeren ist es schwierig, sie heil nach Hause zu bringen – in der Hosentasche werden sie zerdrückt und aus den Händen kullern sie so schnell heraus. Ganz einfach wird das Sammeln dagegen mit einem Ahornblatt-Becher, und er ist auch im Nu gebastelt.

Das wird benötigt

- ein möglichst großes, unbeschädigtes Ahornblatt mit Stiel

1. Das Ahornblatt hat fünf große Zacken. Wir nehmen die beiden äußersten und schlagen sie nach innen ein, sodass sie sich über der Blattmitte überlappen und einen Becher bilden.
2. Dann wird der Stiel nach oben gebogen und zwei Mal durch die sich überlappenden Zacken gestochen – er hält sie nun wie eine Nadel fest, sodass sie sich nicht mehr öffnen können.

Spielidee: Walderdbeeren sammeln

Walderdbeeren gleich draußen zu naschen ist lecker. Ebenso lecker ist es, sie mit nach Hause zu nehmen und eine feine Erdbeermilch damit zu mixen. Je nach Größe des Ahornblattes reicht ein Ahornblatt-Becher voll mit Walderdbeeren für ein bis zwei große Gläser Erdbeermilch, sodass jedes Kind die Beeren für seine Erdbeermilch selber sammeln und nach Hause tragen kann. Dort die Beeren einfach kleinschneiden und mit Milch verrühren, oder im Mixer mit Milch zu einem leckeren Milchshake aufschlagen.

Ein Strauß aus Rosen

Nicht nur zum Muttertag macht es Kindern viel Freude, einen wunderschönen Strauß Blumen zu verschenken. Selbst gebastelte Rosen aus Papier eignen sich dafür besonders gut, weil sie nicht welken und immer wieder neu dekoriert werden können.

Das wird benötigt

- rotes Seiden- oder Krepppapier
- gelbes Papier
- Schere
- Bindfaden

1. Als Erstes wird das rote Papier wie eine Ziehharmonika in breiten Streifen zusammengefaltet. An einer schmalen Seite zeichnen wir die Rundung der Blütenblätter vor und schneiden sie aus. Danach wird das Papier wieder aufgefaltet.
2. Dann werden die Staubfäden für das Innere der Rose vorbereitet. Dafür wird ein breiter Streifen des gelben Papiers sorgfältig aufgerollt. Als Nächstes schneiden wir die Rolle von einem Ende her ein: Die Schere einfach mit einer Schneide in die Rolle stecken und dann die Rolle nach und nach reihum einschneiden.
3. Um die Staubfaden-Rolle werden nun die Blütenblätter gewickelt. Wir binden sie unten fest mit einem Stück Bindfaden zusammen, dann ziehen wir die Blütenblätter leicht auseinander, sodass sie die Form einer Rosenblüte bekommen.
4. Mehrere Blüten können entweder direkt oder nachdem wir in jede einen dünnen Ast als Stiel gesteckt haben zu einem kleinen Rosenstrauß zusammengebunden werden.

Sandkastenspiele

Der Sandkasten ist im Sommer einer der tollsten Plätze zum Spielen. Ein Eimer Wasser, eine Wanne oder der Gartenschlauch genügen, um ihn zu einem kleinen Sandstrand zu machen, an dem die Kinder graben, Figuren bauen oder sich in sandbedeckte Monster verwandeln können. Mit nassem Sand lassen sich tolle Landschaften bauen, in denen größeren Kindern das Spielen mit Murmeln oder Spielzeugautos gleich doppelt so viel Spaß macht, während kleine Kinder fasziniert erste Sandburgen bauen.

Das wird benötigt

- Wasser
- Schaufel, Eimer, Stöcke
- Spielzeug wie z. B. Murmeln, Spielzeugautos, kleine Figuren

1. Ganz gleich, ob wir eine Sandburg oder einen Hügel für ein Murmel- oder Autorennen bauen wollen: Damit sich der Sand in Form bringen lässt, müssen wir ihn erst einmal nass genug machen. Am einfachsten ist es, in einem großen Eimer oder einer Wanne nach und nach immer etwas mehr Wasser zum Sand zu geben, bis er sich gut formen lässt.
2. Aus mehreren Ladungen nassem Sand lassen sich nach und nach ganze Burgen und Gebirge bauen. Manchmal wird es nötig sein, den schon verbauten Sand wieder etwas anzufeuchten: Dann ganz vorsichtig etwas Wasser darauf tröpfeln lassen, denn zu viel Wasser würde das bisher Gebaute gleich wieder wegschwemmen.
3. Wer möchte, kann den feuchten Sand außerdem glatt verstreichen und mit einem Stöckchen Muster oder Bilder hineinzeichnen.

Spielidee: Murmelrennen

Die Rennstrecke für dieses Murmelrennen wird im Sandkasten ganz einfach selber gebaut: Wir schütten einen runden Hügel Sand auf und ziehen mit der Schaufel eine lange, spiralförmige Bahn von seiner Spitze bis zu seinem Fuß. Jeder Mitspieler bekommt eine Murmel, die er von der Spitze herunterkullern lassen darf. Die spannende Frage ist nun nicht nur, welche Murmel am schnellsten unten ankommt, sondern auch, ob die Murmeln wirklich der Rennstrecke folgen oder vorher seitlich am Hügel hinunterkullern.

Sommerliche Wasserspiele

Wenn es draußen heiß und sonnig ist, sind lustige Wasserspiele angesagt. Sie sorgen für viel Erfrischung und machen gleichzeitig jede Menge Spaß. Nass zu werden gehört dabei einfach dazu, sonst wäre es ja nur halb so lustig!

Das wird benötigt

- jede Menge Wasser
- ein großer Plastikeimer
- Schwämme
- leere Joghurtbecher

für den Wasserlauf:

- zwei weitere Eimer

Schwammwerfen

1. Ein großer Eimer wird mit Wasser gefüllt. Jeder Mitspieler bekommt einen Schwamm, den er mit Wasser nassmachen darf. Dann wird ausgemacht, wer in der ersten Runde der Spielleiter ist.
2. Alle stellen sich in gleichen Abständen um den Eimer auf. Wenn der Spielleiter das Kommando gibt (z. B. „Schwämme marsch!"), versuchen alle, mit ihrem Schwamm in den Eimer zu treffen. In den nächsten Runden übernimmt reihum ein anderer Spieler die Rolle des Spielleiters.

Luftblasenzauber

1. Auch hier wird als Erstes ein großer Eimer mit Wasser gefüllt.
2. Dann versuchen wir, mit den leeren Joghurtbechern Luftblasen unter das Wasser zu drücken und sie anschließend von möglichst weit unten im Eimer wieder aufsteigen zu lassen.

Wasserlauf

1. Für dieses Spiel werden die Kinder in zwei Gruppen eingeteilt. Jede Gruppe bekommt einen leeren Eimer und einen Startplatz. In die Mitte zwischen diese Startplätze wird ein großer Eimer voller Wasser gestellt.
2. Jede Gruppe stellt sich in einer Reihe hinter ihrem Eimer auf. Das vorderste Kind bekommt einen leeren Joghurtbecher.
3. Nach dem Startkommando laufen die Kinder mit den Joghurtbechern los, um Wasser aus dem großen Eimer zu holen. Sobald das Wasser in den Eimer der eigenen Gruppe gegossen wurde, ist das nächste Kind an der Reihe. Natürlich soll beim Laufen möglichst wenig Wasser verschüttet werden, denn Sieger ist die Gruppe, die zum Schluss am meisten Wasser in den eigenen Eimer bringen konnte.

Sommergirlanden

Ob beim Sommerfest oder beim Picknick im eigenen Garten: Fröhliche Girlanden sind eine wunderschöne Dekoration – vor allem, wenn sie vorher selber gebastelt wurden.

Das wird benötigt

für die Streifengirlande:

- Krepppapierrollen in verschiedenen Farben
- Schere
- lange Schnur oder Paketband
- Büroklammern

für die Blätterkette:

- ovale, gestielte Blätter, z. B. Buchenblätter

Streifengirlande

1. Die Krepppapierrollen werden mit einer großen Schere in ca. 3 cm breite Streifen geschnitten und dann erst auseinandergerollt.

2. Dann schneiden wir ein Stück Schnur in der benötigten Länge ab. An dieser Schnur befestigen wir jeweils zwei bis drei bunt gemischte Krepppapierstreifen auf einmal mit einer Büroklammer. Zuletzt muss die Girlande nur noch aufgehängt werden.

Blätterkette

1. Wir legen das erste Blatt vor uns auf den Tisch. Dann die untere Hälfte des Blattes hochklappen und mit dem Stiel das Blatt durchstechen, sodass es zusammengeklappt bleibt.
2. Nun wird das nächste Blatt mit der Spitze unter das schon gefaltete Blatt gelegt. Dann klappen wir seine untere Hälfte hoch, sodass wir mit dem Stiel nun durch das schon gefaltete Blatt und die Spitze des neuen Blattes stechen können.
3. Auf diese Weise fahren wir fort, bis die Blätterkette die gewünschte Länge hat. Anstatt als Girlande kann sie auch als hübsche Dekoration für den Tisch dienen und als Kranz um Teller und Schüsseln gelegt werden.

Abenteuer-Picknick

Ein Lagerfeuer ist schon ein Abenteuer für sich, aber noch schöner wird es, wenn man am Feuer selbst gegrillte Leckereien verspeisen kann. Kinder sind mit Begeisterung dabei, wenn es darum geht, Stöcke übers Feuer zu halten oder Kartoffeln aus der Glut zu angeln – und sie fühlen sich dabei wie richtige kleine Indianer. Wer außerdem Kirschen als Nachtisch mitbringt, kann sich die Zeit nach dem Essen mit Kirschkern-Weitspucken vertreiben.

Das wird benötigt

für den Wildwest-Toast:

- Brotscheiben
- Scheibenkäse
- lange, stabile Aststücke mit einer Astgabel am Ende

für das Ringelbrot:

- Blätterteig
- lange, angespitzte Holzspieße

für das Glut-Gemüse:

- Alufolie
- kleine Kartoffeln, Tomaten
- Salz

Wildwest-Toast

1. Eine Scheibe Brot wird mit Käse belegt und auf einer Astgabel ausbalanciert.
2. Dann die Astgabel so lange über die Glut halten, bis der Käse lecker geschmolzen ist.

Ringelbrot

1. Der Blätterteig wird in lange Streifen geschnitten, die wir zwischen den Händen zu Rollen formen.
2. Jede Rolle mit einem Ende auf einen Holzspieß stecken und dann spiralförmig um den Spieß wickeln.
3. Nun müssen die Spieße nur noch so lange über der Glut gedreht werden, bis das Ringelbrot fertig gebacken ist.

Glut-Gemüse

1. Zur Vorbereitung waschen wir die Kartoffeln und bestreuen sie mit etwas Salz. Die Tomaten werden ebenfalls gewaschen, dann entfernen wir ihren Stiel und schneiden sie oben über Kreuz ein.
2. Jede Kartoffel und Tomate wird nun einzeln in Alufolie eingewickelt.
3. Die Kartoffeln legen wir als Erstes in die Glut und lassen sie dort 30 bis 40 Minuten lang backen. Die Tomaten sind viel schneller gar, sie können schon nach etwa 10 Minuten wieder aus der Glut geholt werden.

Bunte Blumentöpfe

Ob als Geschenk oder als bunter Schmuck fürs eigene Fensterbrett: Mit selbst bemalten Blumentöpfen werden alle Pflanzen gleich noch hübscher. Und das Beste ist, dass eingepflanzte Blumen lange leben, also hat man viel länger etwas davon als von einem Blumenstrauß.

Das wird benötigt

- Zeitungspapier zum Unterlegen
- ein neuer, sauberer Blumentopf aus Ton
- Plakafarben und Pinsel
- Klarlack
- Blumenerde
- eine Blume zum Einpflanzen

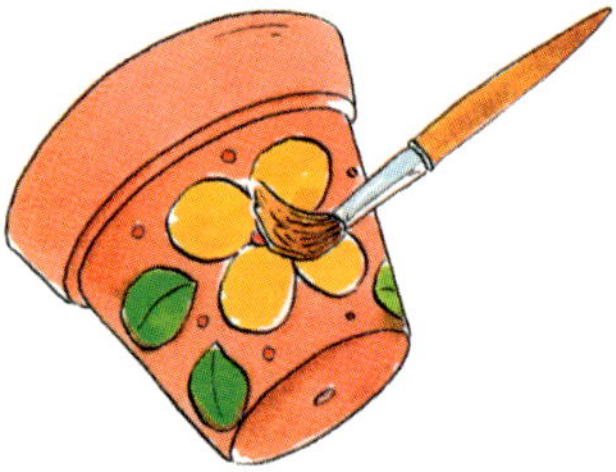

1. Nachdem wir unseren Arbeitsplatz mit Zeitungspapier ausgelegt haben, bemalen wir den Blumentopf: Zum Beispiel mit bunten Mustern, Blüten und Blättern, oder mit einem lustigen Gesicht.
2. Wenn die Farbe ganz trocken ist, wird die Außenseite des Blumentopfs mit Klarlack überzogen, damit die Farbe länger hält.
3. Auch der Lack muss zuerst völlig trocknen, doch dann ist der Topf bereit zum Bepflanzen: Wir füllen ihn mit Erde und setzen die Blume hinein. Wer mag, kann stattdessen auch Blumensamen in die Erde säen und sich davon überraschen lassen, wie hübsch es aussehen wird, wenn das erste Grün im Blumentopf sprießt.

Blümchen-Stifte

Pflegeleichter als echte Blumen sind diese Blümchen-Stifte, die jeden Schreibtisch in einen kleinen Blumengarten verwandeln. Mit solch schönen Stiften macht das Schreiben gleich doppelt so viel Spaß!

Das wird benötigt

- Pappe oder festes Papier
- Stift und Schere
- Filzreste in verschiedenen Farben
- kleine Perlen
- Nadel und Faden
- Bleistifte oder Buntstifte als Blütenstiele
- Klebstoff

1. Die verschiedenen Blütenteile werden zuerst auf die Pappe übertragen und ausgeschnitten, um Schablonen für die Blütenteile zu bekommen.
2. Dann legen wir die verschiedenen Schablonen auf farblich passenden Filz und zeichnen die Umrisse nach, um sie anschließend gut ausschneiden zu können. Die Kreise für das Blüteninnere können wir dabei gezackt oder glatt ausschneiden.

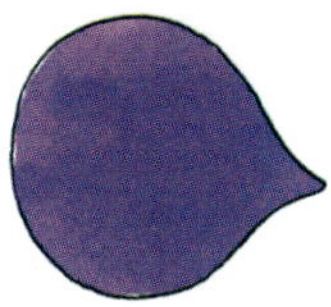

3. Nun werden die Blütenmittelpunkte aufgeklebt: Bei der Margeritenform einfach auf die Mitte des Blütenblatts, beim Stiefmütterchen kleben wir die einzelnen Blütenblätter auf die Rückseite des Blütenmittelpunktes. Wer es noch bunter haben möchte, klebt einen zweiten, kleineren Blütenmittelpunkt auf den ersten.
4. Wenn der Kleber trocken ist, können wir eine oder mehrere kleine Perlen als Staubblätter auf den Blütenmittelpunkt nähen – schon ist die Blüte fertig.

5. Der Blütenkelch wird so am Ende eines Bleistifts oder Buntstifts festgeklebt, dass die Blättchen über den Stift hinausstehen. Sobald der Kleber getrocknet ist, biegen wir die Blättchen auseinander und geben Klebstoff auf ihre Oberseite. Dann wird schnell eine Blüte daraufgelegt und gut angedrückt.

Papierblumen und -palmen

Aus Krepppapier lassen sich im Handumdrehen bunte Blumen und Palmen basteln – perfekt, um den Tisch beim Kindergeburtstag zu dekorieren oder einen fröhlichen Blumenstrauß zum Verschenken herbeizuzaubern.

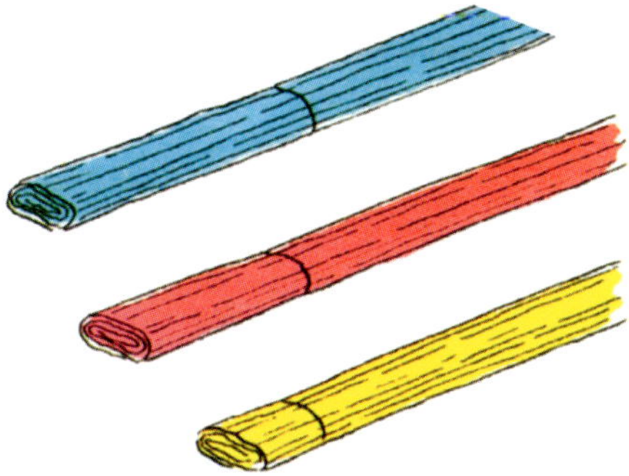

Das wird benötigt

- Krepppapierrollen in verschiedenen Farben
- Schere
- Bindfaden
- Holzstäbe

Papierblume

1. Von drei verschiedenfarbigen Rollen Krepppapier schneiden wir jeweils ein Stück in verschiedenen Längen ab: einmal 5 cm, einmal 10 cm und einmal 15 cm breit. Diese Stücke werden auseinandergerollt und auf etwa die gleiche Länge gekürzt (rund 1 m).
2. Dann nehmen wir einen Holzstab. Um sein Ende wickeln wir als Erstes den schmalsten Krepppapier-Streifen, und zwar so, dass er noch ein Stück über den Stab hinaussteht. Anschließend wickeln wir zuerst den mittleren und dann den breitesten Krepppapierstreifen genauso um den Stab. Jeder Streifen steht dabei weiter über den Stab hinaus als der vorangegangene.
3. Die Streifen werden nun am unteren Ende fest mit dem Bindfaden umwickelt und so am Holzstab festgebunden.
4. Nun müssen wir nur noch das überstehende Krepppapier Schicht für Schicht auseinanderzupfen, um eine wunderbar bunte Blüte zu erhalten.

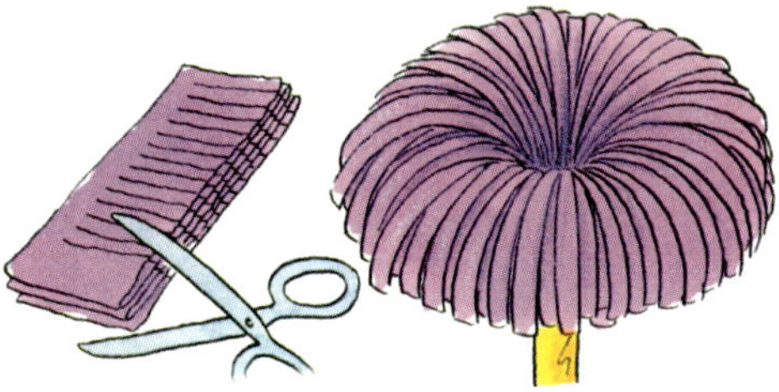

Papierpalme

1. Von einer Krepppapierrolle wird ein etwa 10 cm breites Stück abgeschnitten und auseinandergerollt.
2. Wir falten das Papier der Länge nach wie eine Ziehharmonika einige Male zusammen. Dann schneiden wir es von einer Seite mit der Schere in gleichmäßigen Abständen ein.
3. Der Krepppapierstreifen wird wieder aufgefaltet und dann eng um einen Holzstab gewickelt. Der eingeschnittene Teil soll dabei über den Stab hinausstehen. Kleiner Tipp: Das Wickeln fällt leichter, wenn die eingeschnittene Seite nach unten gehalten wird.
4. Zuletzt wird das Krepppapier mit Bindfaden am Holzstab festgebunden. Wenn wir den Holzstab jetzt umdrehen, fällt das Krepppapier wie von Zauberhand in Form einer Palme auseinander.

Zickzack-Girlanden

Kinder finden Zickzack-Girlanden einfach faszinierend, weil sie aus so vielen gleich aussehenden Elementen bestehen. Noch faszinierender ist es, sie selbst zu basteln und zu sehen, wie mit einem Mal Ausschneiden gleich mehrere Figuren entstehen.

Das wird benötigt

- buntes Papier oder Tonpapier
- Stift und Schere
- Schnur zum Aufhängen
- Klebeband

1. Das Papier wird als Erstes in lange, gleichmäßig breite Streifen geschnitten. Wir schneiden von einem Streifen ein Stück ab, das breit

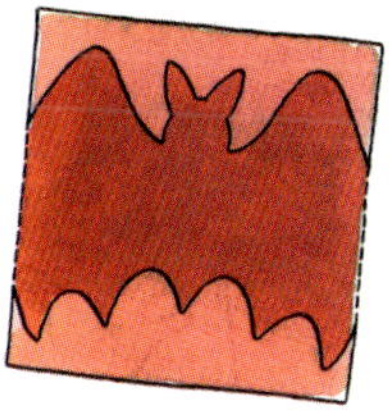

genug für unser geplantes Motiv ist, und zeichnen dieses darauf vor. Wenn wir es ausschneiden, erhalten wir eine Schablone, mit deren Hilfe sich immer neue Girlanden-Streifen basteln lassen. Wichtig ist dabei, dass das Motiv links und rechts bis an den Rand heranreicht, weil die Girlande später an diesen Randstellen zusammenhängt.

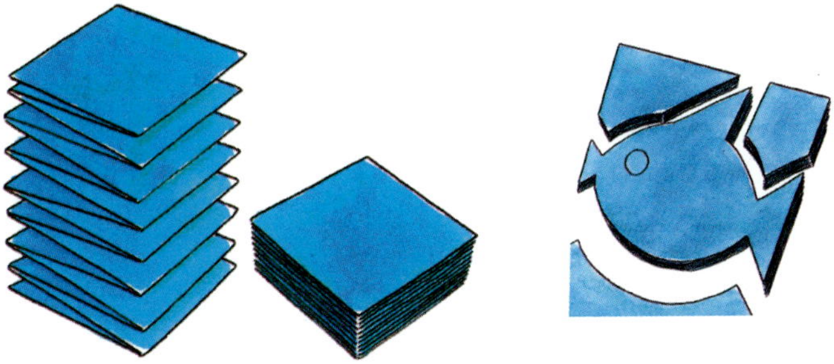

2. Nun werden die übrigen Papierstreifen im Zickzack gefaltet, und zwar so, dass sie genauso breit sind wie die Schablone. Gut zusammendrücken! Dann legen wir die Schablone so darauf, dass die Stellen, wo die Girlande zusammenhängen soll, über den Zickzack-Falten liegen, und übertragen die Umrisse mit einem Bleistift.
3. Anschließend wird das Motiv sorgfältig ausgeschnitten. Die Papierlagen dürfen sich dabei nicht gegeneinander verschieben.
4. Zuletzt machen wir an einer geeigneten Stelle ein kleines Loch durch alle Papierlagen, durch das wir die Schnur zum Aufhängen ziehen können. Dann kann die Girlande aufgefaltet und bestaunt werden.
5. Um eine lange Girlande zu erhalten, fädeln wir einfach mehrere einzelne Girlanden auf eine Schnur auf und verbinden ihre Kanten mit Klebeband. Girlanden aus stabilem Tonpapier können auch einfach auf dem Tisch als Dekoration aufgestellt werden.

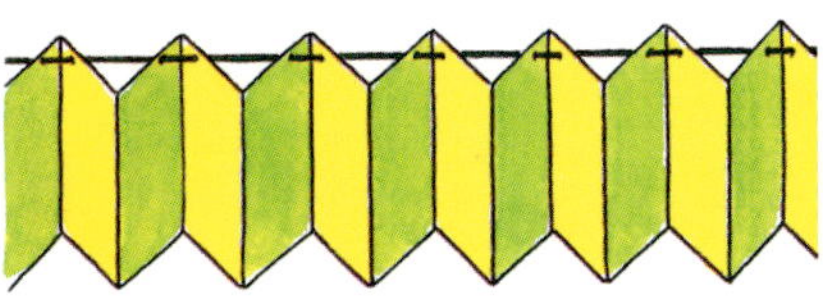

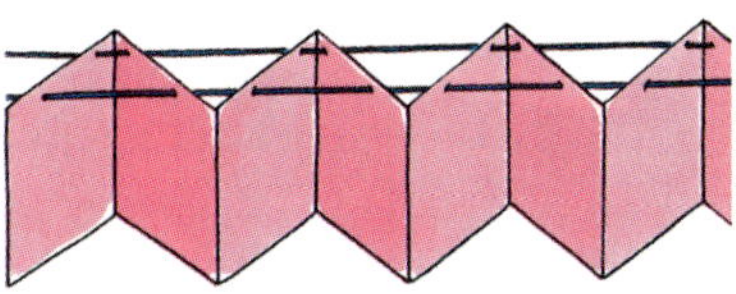

Karton-Schiffchen

Wer sagt, dass man aus einem Karton kein Schiff bauen kann? Man muss nur den richtigen nehmen: einen wasserdichten Getränkekarton. Dieses Schiffchen hat sogar einen Antrieb, mit dem es ein Stück weit alleine fahren kann. Und weil es etwas komplizierter zu basteln ist, sind gerade ältere Kinder, die kleine Herausforderungen lieben, mit Feuereifer dabei.

Das wird benötigt

- eine leere, gut ausgespülte Milchtüte
- mehrere kleine Schachteln
- etwas Sand
- eine Papprolle
- Farben und Pinsel
- Klarlack
- etwas Watte
- zwei dünne Holzbrettchen
- zwei kurze Stücke Holzleiste
- ein dickes Gummiband
- Säge, Schere und Klebstoff

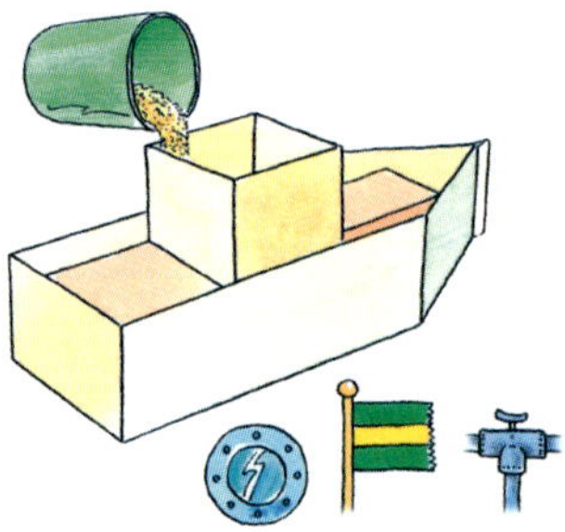

1. Als Erstes wird eine Seitenwand der Milchtüte sorgfältig herausgeschnitten. Die ursprüngliche Öffnung der Tüte kleben wir wieder gut zu, damit hier kein Wasser hineinlaufen kann.
2. Dann ordnen wir die kleinen Schachteln als Führerhaus und Deck in der Milchtüte an und kleben sie fest. Eine Handvoll Sand, die wir in die mittlere Schachtel füllen, wird später dafür sorgen, dass das Schiffchen nicht so leicht umkippt. Auf das Führerhaus wird außerdem die Papprolle als Schornstein geklebt.
3. Wenn der Kleber getrocknet ist, bemalen wir das Boot in bunten Farben. Wir lassen die Farbe trocknen und überziehen sie dann mit Klarlack, damit sie im Wasser nicht so schnell abge-

waschen wird. Sobald alles trocken ist, können wir die Watte als Rauch an den Schornstein kleben.

4. Zuletzt wird der Antrieb gebastelt. Dafür sägen wir die beiden Brettchen in der Mitte ein, sodass wir sie zu einem einfachen Schaufelrad zusammenstecken können. In die beiden Stücke Holzleiste kommen jeweils an einem Ende je zwei Kerben, die später das Gummiband an seinem Platz halten. Nun müssen wir das Gummiband nur noch um das Schaufelrad legen und zwischen die Holzleisten spannen.

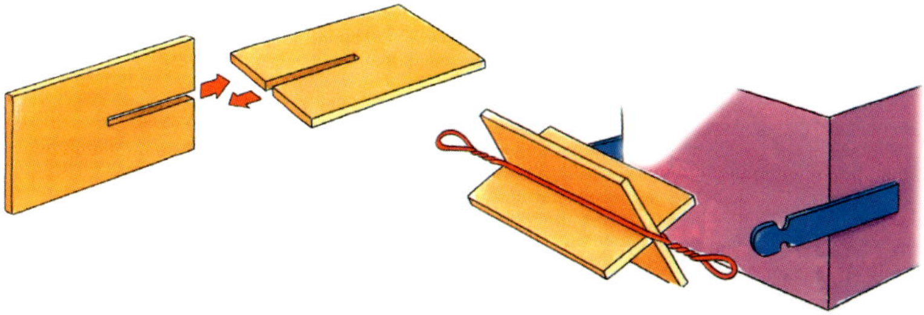

5. Damit das Schiffchen fährt, drehen wir das Schaufelrad einfach einige Male ein, bis das Gummiband gut gespannt ist – dann ins Wasser setzen und loslassen. Wer das Schiffchen im Kreis fahren lassen will, biegt vorher die Verschlusslasche an der Vorderseite leicht zur Seite.

Pappmaché-Dinosaurier

Kleine Dinosaurier-Fans werden von dieser Bastelidee begeistert sein: Jetzt können sie ihren eigenen Stegosaurus basteln! Und wenn dieser fertig ist, ist es ganz einfach, nach dem gleichen Prinzip auch andere Dinosaurier zu basteln, bis ein richtiger Dino-Park auf der Fensterbank steht.

Das wird benötigt

- Zeitungspapier
- eine Rolle Draht
- Tapetenkleister und ein Gefäß zum Anrühren
- Pappe
- Farben und Pinsel
- Zange, Bleistift und Schere, Klebstoff

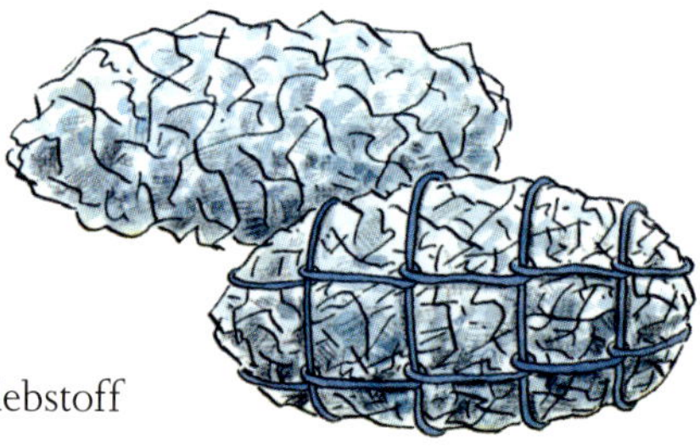

1. Als Erstes knüllen wir mehrere Blätter Zeitungspapier fest zusammen, sodass ein stabiles ovales Knäuel entsteht – der Körper des Dinosauriers. Dieses Knäuel wird mit Draht umwickelt, damit es auch in Form bleibt. Das Drahtgeflecht sollte außerdem Ansatzstellen für Beine, Hals und Schwanz bieten.
2. Mit der Zange knipsen wir sechs längere Drahtstücke ab und formen aus ihnen die Beine, den Hals und den Schwanz. Anschließend befestigen wir sie an dem Drahtgeflecht, das den Körper des Dinosauriers umgibt.
3. Nun wird der Tapetenkleister angerührt. Wir reißen oder schneiden Zeitungspapier in breite Streifen, bestreichen eine Seite mit Tapetenkleister und wickeln sie dann nach und nach um unser Dinosauriermodell. Damit der Rücken des Dinos noch höher wird, knüllen wir etwas Zeitungspapier zusammen, drücken es auf den Rücken und umwickeln es gemeinsam mit dem Körper weiter mit Papierstreifen voll Kleister. Mit einigen dünneren Streifen Papier können wir die Beine und den Kopf richtig in Form bringen. Zuletzt wird der gesamte Dinosaurier von außen mit Kleister bestrichen, dann muss er über Nacht gut trocknen.

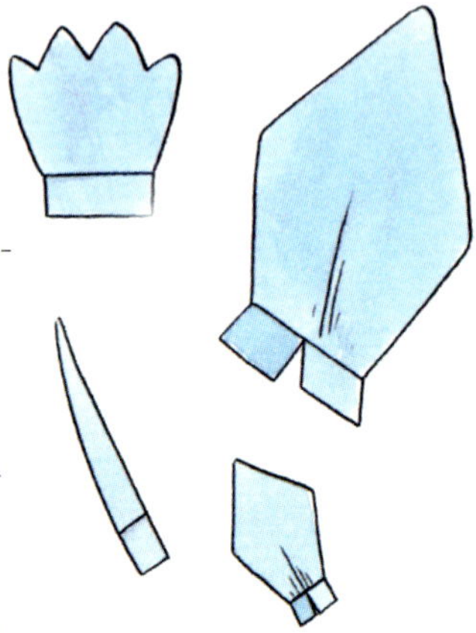

4. Bis er trocken ist, können wir die noch fehlenden Teile vorbereiten: Auf Pappe werden rund zwanzig Rückenplatten in verschiedenen Größen, vier große Dorne für den Schwanz und vier Füße mit Zehen vorgezeichnet und ausgeschnitten. An jedem dieser Teile lassen wir am unteren Ende einen zusätzlichen Streifen Pappe stehen, mit dem es später festgeklebt werden kann. Diesen Streifen schneiden wir in der Mitte ein, damit wir eine Hälfte nach links und eine Hälfte nach rechts kleben können.
5. Wenn der Dinosaurier trocken ist, bekommt er seine Rückenplatten. Sie werden in zwei Reihen vom Kopf bis zum Schwanz aufgeklebt, wobei die größten mitten auf dem Rücken sitzen. Die vier Dorne kleben wir dahinter auf den Schwanz und die Füße werden von unten an die Beine geklebt, sodass die Zehen überstehen.
6. Sobald auch dieser Kleber getrocknet ist, kann der Dinosaurier endlich bemalt werden. Weil nie jemand einen echten Stegosaurus gesehen hat, können wir unserer Fantasie dabei freien Lauf lassen, sodass wir auch ganze Herden aus verschiedenfarbigen Dinosauriern basteln können.

Gips-Design

Alte Gläser oder einzelne Schuhe sind viel zu schade zum Wegwerfen, denn mit etwas Gips und Kreativität können kleine Künstler daraus einzigartige Gefäße basteln. Die sind nicht nur dekorativ, sondern sie eignen sich auch zur Aufbewahrung, zum Beispiel von Stiften oder Malzeug.

Das wird benötigt

- Zeitungspapier
- leere, ausgespülte Gläser oder Flaschen oder ein alter Schuh
- Gips (aus dem Bastelladen) und ein Gefäß zum Anrühren
- Farben und Pinsel
- Klarlack

1. Die Gläser und auch der Schuh müssen sauber und trocken sein. Bevor wir beginnen, wird der Arbeitsplatz mit Zeitungspapier ausgelegt. Günstig ist, außerdem ein altes Hemd als Schutz für die Kleidung überzuziehen.
2. Wir rühren den Gips nach Packungsanleitung an. Dann werden unsere Designobjekte dick damit bestrichen. Dabei können wir ihnen ungewöhnliche Formen oder eine interessante Oberflächenstruktur verleihen.
3. Wenn der Gips trocken ist, werden die Gefäße mit viel Fantasie bunt bemalt. Zuletzt überziehen wir sie mit Klarlack, um sie haltbarer zu machen.

Paare malen

Diese lustigen Bilder zeigen nicht einfach nur zusammengehörige Bildpaare, sondern sie erfordern zwei Künstler, die sie nacheinander malen – ein schönes Spiel, das nicht nur die Kreativität, sondern auch das Denken in Kategorien und das Abstraktionsvermögen fördert. Die Bilder können dabei hervorragend an das Alter des Kindes angepasst werden.

Das wird benötigt

- Zeichenpapier
- Buntstifte oder Filzstifte

1. Der erste Künstler beginnt auf einer Hälfte des Papiers und zeichnet dort ein Lebewesen oder ein Objekt, zum Beispiel einen Hahn, einen Fuß oder einen Kochtopf. Wenn er fertig ist, gibt er das Blatt an den zweiten Künstler weiter.
2. Dieser steht nun vor der Aufgabe, einen passenden „Partner" zu malen, sodass ein zusammengehöriges Paar entsteht. Bei den obigen Beispielen könnten das eine Henne, ein Schuh oder ein Topfdeckel sein. Natürlich gibt es zu vielen Bildern verschiedene mögliche Partner, zum Kochtopf beispielsweise könnte man auch einen Kochlöffel malen – es gibt also viel Raum für kindlichen Einfallsreichtum und es werden viele lustige Paare entstehen.

Katzenmobile

Eine hübsche Idee für alle Katzenfreunde: Die kleine Katzenfamilie dreht sich bei jedem Windhauch munter um die eigene Achse. Kinder lieben es, ihnen dabei zuzusehen oder sich auf dem Boden selbst mitzudrehen.

Das wird benötigt

- Tonpapier oder Fotokarton
- Bleistift und Schere
- Buntstifte
- dünne Wollfäden
- Klebstoff
- Fäden zum Aufhängen

1. Zuerst werden die Katzen in verschiedenen Größen auf dem Papier vorgezeichnet. Die Katzenschwänze zeichnen wir extra: Sie bekommen die Form einer Spirale, wie ein kleines Schneckenhaus. Dann wird alles ausgeschnitten.
2. Als Nächstes werden die Katzen bemalt: Je nachdem, welche Katzen der Künstler am liebsten mag, zum Beispiel in schwarz oder weiß, getigert oder gefleckt.
3. Aus den Wollfäden schneiden wir kurze Schnurrhaare zurecht und kleben sie auf.
4. Zuletzt machen wir mit der Schere kleine Löcher, um die Schwänze mit Fäden an den Körpern festzubinden und die Kätzchen aufzuhängen.

Wackelpudding-Teich

Für die Kinderparty oder einen ganz besonderen Nachtisch eignet sich der Wackelpudding-Teich ganz hervorragend – die Kinder müssen nur groß genug sein, um nicht aus lauter Begeisterung die Dekoration mitzuessen. Dafür werden sie auch mit umso mehr Freude beim Vorbereiten helfen.

Das wird benötigt

- eine Glasschüssel
- Glasmurmeln oder kleine Kiesel
- Schnittlauch, Petersilie
- kleine Figuren zum Dekorieren
- grüner Wackelpudding

1. Murmeln, Kiesel und Figuren müssen ganz sauber sein, daher spülen wir sie erst noch einmal gründlich und trocknen sie ab. Dann verteilen wir die Murmeln oder Kiesel auf dem Boden der Schüssel.
2. Wir bereiten den Wackelpudding zu, gießen ihn in die Schüssel und stellen ihn kalt, damit er schnell fest wird.
3. Zuletzt dekorieren wir den Wackelpudding so, dass er einem Teich noch ähnlicher sieht: Schnittlauch und Petersilie verwandeln sich in Schilf und Uferpflanzen, und passende Figuren lassen die Szene noch echter erscheinen.

Papierschiffchen und Piratenhut

Der Klassiker für Badewanne, Pfütze und Gartenteich. Dass das Papierschiffchen sich bald auflöst, macht dabei gar nichts, denn ein neues lässt sich jederzeit schnell wieder falten. Das übt die Fingerfertigkeit, und noch dazu liegt kein platzraubendes Plastikspielzeug herum.

Das wird benötigt

- ein rechteckiges Blatt Papier

1. Als Erstes wird das Papier quer auf die Hälfte zusammengefaltet. Das so entstandene kleinere Rechteck wird nochmals quer auf die Hälfte gefaltet, um die Mittellinie zu markieren, und wieder aufgeklappt.

2. Wir legen das Papier so vor uns, dass die gefaltete Kante oben liegt. Dann die linke und rechte obere Ecke jeweils zur Mittellinie falten: Es entsteht ein Dreieck, an dem unten noch Papier übersteht.

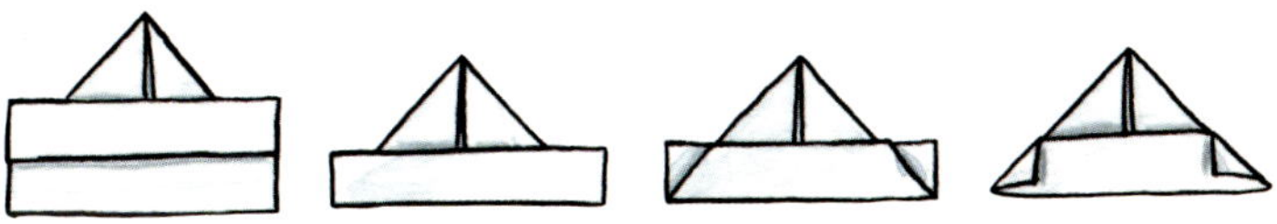

3. Die obere Lage dieses überstehenden Papiers klappen wir nun nach oben, sodass sie vor dem Dreieck liegt. Die überstehenden Ecken werden hinter das Dreieck gefaltet. Dann das ganze Papier umdrehen und mit der anderen überstehenden Lage ebenso verfahren – so entsteht ein richtiges Dreieck.

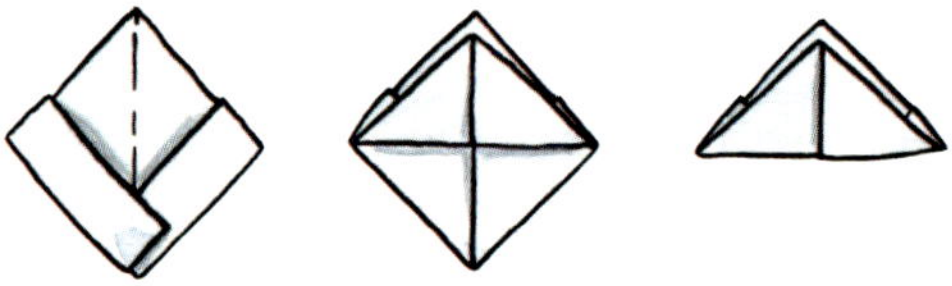

4. Das Dreieck wird unten geöffnet, dann drücken wir seine unteren Spitzen aufeinander, sodass eine Raute entsteht. Diese legen wir wieder flach vor uns. Die beiden Lagen der offenen Spitze der Raute werden nach oben geklappt, eine nach vorne, eine nach hinten, sodass wieder ein – diesmal kleineres – Dreieck entsteht.
5. Dieses Dreieck wird nun wieder wie zuvor unten geöffnet, und schon ist der Piratenhut fertig.

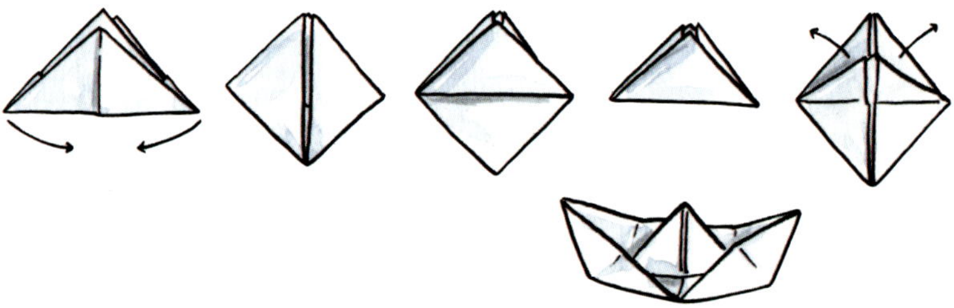

6. Um statt des Huts ein Schiffchen zu basteln, werden einfach die Spitzen des Huts ganz aufeinandergedrückt: Es entsteht eine neue, kleinere Raute. Diese hat an der oberen Spitze zwei Ecken, die sich nach links und rechts auseinanderziehen lassen – und schon liegt ein kleines Schiffchen vor uns.

Steinemalen

Kinder lieben es, bei Spaziergängen Steine und andere Fundstücke zu sammeln und nach Hause zu tragen. Aus glatten, flachen Kieselsteinen lassen sich dort wunderbare kleine Kunstwerke zaubern.

Das wird benötigt

- flache, glattgeschliffene Kieselsteine
- Farben und Pinsel
- Klarlack

1. Die Kieselsteine werden vor dem Bemalen gut abgewaschen und getrocknet.
2. Dann bemalen wir sie fantasievoll mit schönen Bildern. Manche Steine haben schon Muster oder Strukturen, die an bestimmte Motive erinnern und nur noch mit Farbe hervorgehoben werden müssen.
3. Wenn die Farbe getrocknet ist, werden die Steine noch mit Klarlack überzogen, damit sie schön glänzen und die Farbe länger hält.

Herrliche Herbst-Basteleien

Kastanien-Igel

Eine der beliebtesten Herbstbasteleien sind lustige kleine Kastanien-Igel. Kinder lieben es, die Kastanien erst zu sammeln und von ihren stacheligen Schalen zu befreien, um ihnen danach richtige Igelstacheln anzustecken.

Das wird benötigt

- Kastanien
- Streichhölzer
- Zahnstocher

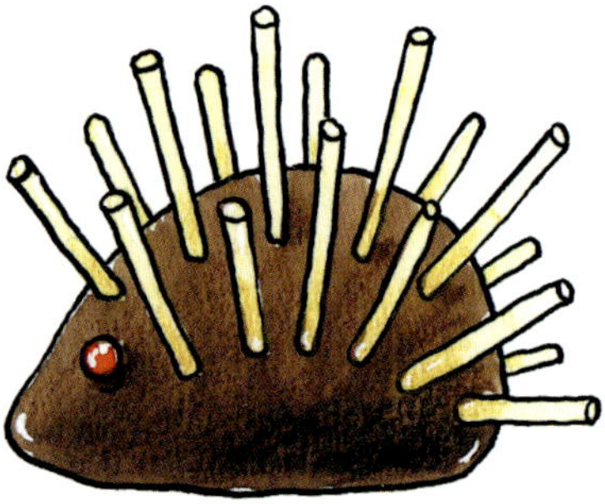

1. Die frisch gesammelten Kastanien werden mit einem Lappen sauber und trocken gerieben.
2. Von je zwei Streichhölzern brechen wir die Köpfe ab und stecken diese als Augen in die Kastanie. Dann werden die Zahnstocher gekürzt und als Stacheln auf den Igel gesteckt.

Spielidee: Igel-Rennen

Mit den selbst gebastelten Kastanien-Igeln lässt sich ein lustiges Spiel veranstalten. Jeder Mitspieler bastelt sich als Erstes drei Igel. Zusätzlich bekommt er 12 Streichhölzer, von denen die Köpfe abgebrochen werden. Dann beginnt das Spiel: Es wird reihum gewürfelt, und wer eine 1 oder eine 6 wirft, darf ein Streichholz als Bein in einen seiner Igel stecken. Gewonnen hat, wer als Erster alle drei Igel mit Beinen versehen kann.

Natur-Mikado

Nach einem Herbststurm liegen oft viele kleine Zweige auf dem Boden. Wer sie beim Spaziergang einsammelt, kann daraus ein ungewöhnliches Mikadospiel basteln.

Das wird benötigt

- möglichst gerade, gleich lange Zweige
- Gartenschere
- dünne Wollfäden in zwei Farben

1. Mit der Gartenschere werden die Zweige auf eine Länge gekürzt. Dabei entfernen wir auch alle Seitentriebe, damit sich die Zweige beim Spielen nicht so leicht verhaken.
2. Mit den Wollfäden kennzeichnen wir einige Zweige, die beim Spielen besonders viele Punkte erzielen: Eine Farbe kennzeichnet Zweige, die 5 Punkte bringen, die andere einen einzelnen Zweig, der 10 Punkte erzielt.

Spielidee: Natur-Mikado

Natur-Mikado funktioniert wie normales Mikado, nur dass es meistens nicht ganz so viele Stäbe gibt und die Stäbe in Wirklichkeit Zweige sind. Ein Mitspieler umfasst alle Zweige mit beiden Händen, stellt das Bündel mit einem Ende auf den Tisch und zieht dann schnell die Hände weg, sodass die Zweige kreuz und quer durcheinander purzeln. Nun versucht reihum jeder Spieler, einen Zweig vom Haufen zu nehmen, ohne dass die anderen wackeln. Wenn etwas wackelt, muss der Zweig liegengelassen werden und der nächste Spieler ist an der Reihe. Wenn alle Zweige aufgenommen sind, wird zusammengezählt: Für jeden normalen Zweig gibt es einen Punkt, für die mit Wollfäden markierten mehr. Gewonnen hat, wer die meisten Punkte hat.

Blätter-Basteln

Wenn die Bäume im Herbst ihr Laub abwerfen, liegen Wiesen und Wege plötzlich voller interessanter Bastelmaterialien. Nicht nur die verschiedenen Formen, sondern auch die Farben der Blätter machen die Bastelarbeiten wunderbar abwechslungsreich.

Das wird benötigt

- ein Stück Baumrinde
- ein dünner, möglichst gerader Zweig
- ein großes Blatt
- Taschenmesser oder Gartenschere

1. Das Rindenstück wird mithilfe des Taschenmessers in eine ovale Form gebracht (bei kleinen Kindern helfen dabei die Eltern). Innen kann man es etwas aushöhlen, damit es noch mehr wie ein Schiffchen aussieht.
2. Den Zweig befreien wir von allen Seitentrieben und kürzen ihn auf die passende Länge. Anschließend stechen wir ihn an zwei Stellen durch das Blatt, sodass sich dieses wie ein Segel wölbt.
3. Nun muss der Zweig nur noch mittig wie ein Mast in das Rindenstück gesteckt werden. Das Schiffchen kann dann entweder durch Pusten übers Wasser getrieben werden, oder man befestigt ein Stück Bindfaden daran, um es zu ziehen. Eine kleine Flotte aus Schiffchen mit verschiedenen Blättern ist aber auch einfach eine schöne Dekoration für drinnen!

Herbstdrachen selber bauen

Größere Kinder sind mit Begeisterung dabei, wenn es darum geht, einen eigenen Drachen zu bauen. Der dient nicht nur zur Dekoration, sondern er kann auch richtig fliegen.

Das wird benötigt

- stabiles Packpapier, Drachenpapier oder Ölpapier (ca. 1 x 1,5 m)
- zwei Holzleisten (90 und 120 cm lang)
- Bastelleim
- feste Paketschnur
- Drachenschnur
- Taschenmesser, Schere
- farbiges Papier
- Farben und Pinsel

1. An den Enden der Leisten machen wir mit dem Taschenmesser jeweils eine Kerbe, die tief genug für die Paketschnur ist.
2. Die Leisten im rechten Winkel zu einem typischen Drachenkreuz aufeinanderlegen und mit dem Leim aufeinanderkleben. Zusätzlich wird der Kreuzungspunkt mehrere Male fest überkreuz mit einem Stück Paketschnur umwickelt und verknotet.
3. Nun wird die Paketschnur durch die Kerben an den Enden der Leisten gelegt, gespannt und fest verknotet – fertig ist das Gerüst des Drachens.
4. Als Nächstes legen wir das Papier aus und das Drachengerüst darauf. Wir schneiden das Papier ringsum so zu, dass es noch 3 bis 4 cm über die Schnur übersteht. Nur an den Enden der Leisten muss das Papier nicht überstehen, hier wird es gerade abgeschnitten.
5. Den überstehenden Rand falten wir nach innen, über die Schnur, die den Drachen umspannt, und kleben ihn dort mit Leim gut fest.

6. Wenn der Leim ganz trocken ist, kommt die Befestigung an den Drachen. Dafür binden wir an jeder Ecke des Drachens mit einer kleinen Schlinge ein Stück Schnur fest. Diese Schnüre führen wir in der Mitte zusammen. Dann stellen wir den Drachen auf seine untere Spitze, um den Zug an den einzelnen Schnüren so auszugleichen, dass die Querleiste waagerecht bleibt. In dieser Position werden die Schnüre schließlich fest miteinander verknotet, und an diesem Knoten befestigen wir auch die Drachenschnur.
7. Was nun noch fehlt, ist der Drachenschwanz: Mehrere Stücke farbiges Papier oder die Reste des Drachenpapiers werden dafür rechteckig zugeschnitten und an einem ca. 2 m langen Stück Schnur festgeknotet, sodass sie wie kleine Schleifen aussehen. An ein Ende der Schnur kommt als Abschluss eine etwas größere Schleife, und mit dem anderen wird sie an der unteren Spitze des Drachens festgeknotet.
8. Zuletzt muss der Drachen nur noch bemalt werden, damit er schön bunt im Herbstwind tanzen kann.

Karton-Schiffchen für die Badewanne

Anstelle der Quietschente aus Plastik nehmen Kinder auch gerne ein selber gebasteltes Schiffchen mit in die Badewanne, vor allem, wenn sie es so toll durchs Wasser ziehen können wie dieses. Faszinierend ist, dass der Eierkarton im Wasser länger stabil bleibt, als man denken würde. Und wenn er sich schließlich doch auflöst, ist ganz schnell ein neues Schiffchen gebastelt.

Das wird benötigt

- ein leerer Eierkarton (für 6 Eier)
- zwei Papprollen (z. B. vom Toilettenpapier)
- Watte
- ein Stück Paketschnur

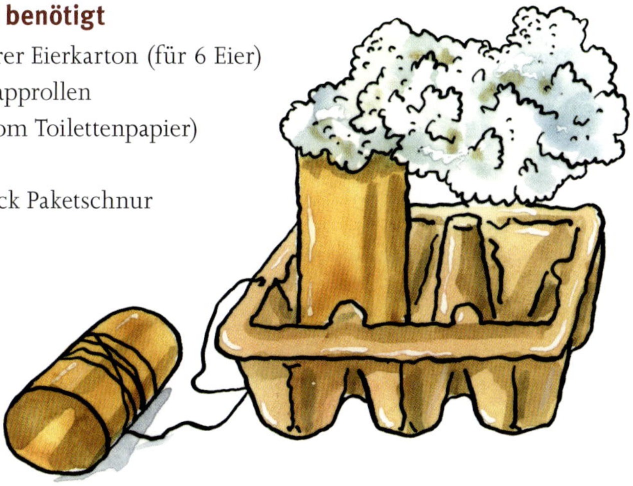

1. Vom Eierkarton wird nur die Unterseite benötigt, die Oberseite schneiden wir ab und werfen sie weg.
2. Auf einen der Trennstege im Eierkarton stecken wir eine der Papprollen – schon hat das Schiffchen einen Kamin. Wenn wir etwas Watte in den Kamin stecken, stößt dieser auch gleich richtige Rauchwolken aus.
3. Am Bug des Schiffchens (also dort, wo vorne sein soll) wird ein Loch gebohrt, damit wir die Schnur festknoten können. Das Ende der Schnur wird auf der zweiten Papprolle aufgewickelt, die als Griff zum Ziehen dient.

Herbstliche Tischdekoration

Einem Kinderfest im Herbst verleiht die passende Dekoration einen besonderen Zauber. Gleichzeitig können die Kinder selber beim Dekorieren helfen, was ihnen noch mehr Freude bereiten wird.

Das wird benötigt

- Blätter, Tannenzapfen, Nüsse, Moos
- ausgespülte Marmeladengläser
- Fensterfarben
- Schwimmkerzen
- Kartoffeln
- Küchenmesser
- Pinsel und Farbe
- Papier

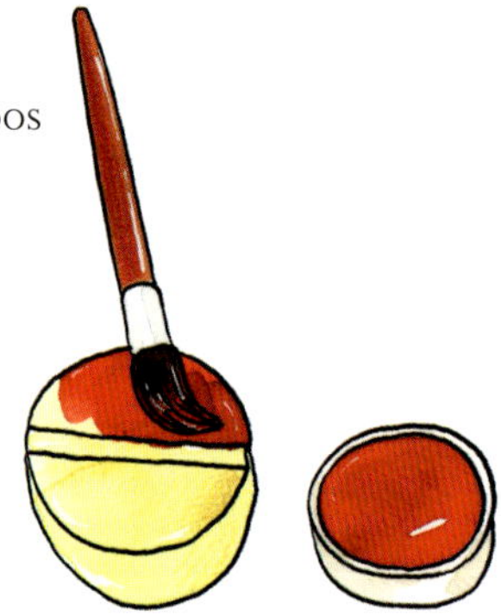

1. Blätter, Tannenzapfen und die übrigen Naturmaterialien werden falls nötig mit einem Lappen trockengetupft oder -gerieben und auf dem Tisch dekoriert. Dabei können lustige Fantasiefiguren gebastelt werden, die die Kinder in einen Zauberwald versetzen: zum Beispiel Männchen oder Tiere aus Tannenzapfen und daran festgesteckten Blättern.
2. Die Marmeladengläser werden mit den Fensterfarben mit herbstlichen Motiven bemalt. Dann füllen wir etwas Wasser oder Sand ein und setzen eine kleine Schwimmkerze hinein.
3. Platzkärtchen, eine Papiertischdecke oder Einladungen zum Kinderfest können mit Kartoffeldruck besonders schön verziert werden, und Herbstmotive wie Pilze oder Blätter lassen sich aus einfachsten Formen zusammensetzen. Dafür eine Kartoffel anschneiden, den gewünschten Umriss aufzeichnen und mit

einem kleinen Küchenmesser ausschneiden – schon ist der Stempel fertig. Er wird einfach mit Farbe bestrichen und aufs Papier gedrückt.

Finger-Schwalben

Im Herbst sammeln sich die Zugvögel, um nach Süden zu fliegen. Auch die Schwalben kann man dabei beobachten, wie sie abends zusammenkommen und auf Stromleitungen sitzen oder schnelle Flugmanöver üben. Kinder lieben es, ihre Finger-Schwalben genauso flink herumfliegen zu lassen und sich vorzustellen, dass sie mit den echten Schwalben durch die Luft fliegen.

Das wird benötigt

- Tonpapier oder Fotokarton
- Stift und Schere

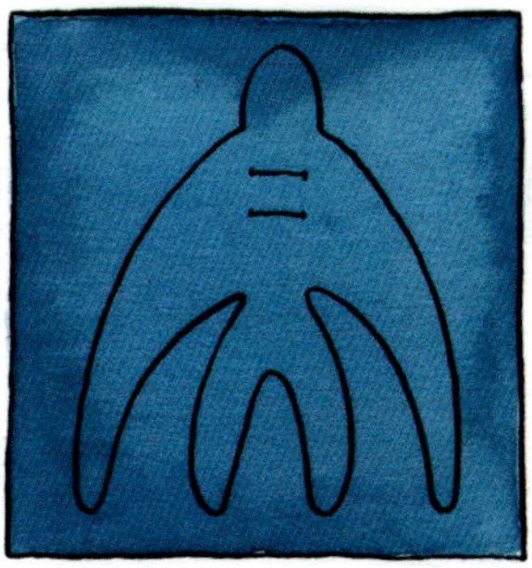

1. Auf das Zeichenpapier wird in der gewünschten Größe der Umriss einer Schwalbe gezeichnet, so wie auf der Abbildung. Damit die Schwalbe symmetrischer wird, hilft ein kleiner Trick: Einfach das Papier auf die Hälfte falten und nur den halben Umriss der Schwalbe entlang des Falzes aufzeichnen.
2. Dann wird die Schwalbe sorgfältig ausgeschnitten. Damit wir sie auf den Finger stecken können, machen wir an der Brust der Schwalbe zwei Einschnitte in einem Abstand von etwa einem Zentimeter. Den Papierstreifen zwischen den Einschnitten nach oben drücken, so entsteht eine Öffnung für den Finger, und die Schwalbe bekommt eine geschwungene Form. Wer möchte, kann seine Schwalbe anschließend noch bemalen.

Spielidee: Schwalbennester

Ein Kind wird als Rufer ausgelost oder bestimmt. Alle übrigen Kinder bekommen jeweils ein Kissen oder eine zusammengefaltete Decke als Nest und bilden mit diesen einen großen Kreis auf dem Boden. Dann setzt sich jedes Kind mit seiner Schwalbe am Finger auf sein Nest. Der Rufer hat ebenfalls eine Schwalbe. Er beginnt das Spiel, indem er ruft: „Alle Schwalben fliegen fest, jede sucht ein neues Nest." Dann müssen alle Mitspieler schnell ihr Nest verlassen und ein neues Nest finden. Der Rufer versucht, dabei auch ein Nest zu besetzen. Wer übrig bleibt, ist in der nächsten Runde der Rufer.

Spielzeug aus der Natur

Im Herbst bietet die Natur eine wahre Fülle von Bastelmaterialien: Nicht nur Kastanien, sondern auch Eicheln, buntes Laub, Hagebutten und vieles mehr warten nur darauf, eingesammelt und zum Spielen verwendet zu werden. Manchmal ist es am besten, dabei so wenige Vorgaben wie möglich zu machen, denn so kann sich die Fantasie frei entfalten und allerlei unerwartete, abwechslungsreiche Ideen hervorbringen.

Das wird benötigt

Alles, was sich in Garten, Wald und Wiese an herbstlichen Materialien finden lässt, zum Beispiel:

- Kastanien
- Eicheln
- Bucheckern
- Hagebutten
- buntes Laub von verschiedenen Bäumen
- Tannenzapfen
- Moos
- leere Schneckenhäuser
- außerdem Streichhölzer oder Zahnstocher

1. Die Funde werden auf dem Tisch ausgebreitet. Dann können sie zuerst einmal bestimmt werden: Wer weiß, von welchem Baum die Blätter sind? Wie viele Eicheln haben sich finden lassen?
2. Aus dem bunten Haufen werden dann nach und nach die Teile herausgeholt, aus denen wir etwas basteln wollen. Wir können verschiedene Stücke aneinanderlegen, um Bilder und rätselhafte Figuren zu legen, oder sie mit Streichhölzern oder Zahnstochern zu lustigen Männchen und Tieren zusammenstecken.
3. Genauso gut lässt es sich mit all den Fundstücken auch einfach spielen: Anstelle von Bauklötzchen und vorgeformten Spielfiguren verwandeln sich die Blätter und die übrigen Dinge in Landschaften, Gebäude, Tiere und Menschen, die allerlei erleben, zum Beispiel, wenn eine Herde Schafe (eine Handvoll Eicheln) von einem Schäfer (einer großen Kastanie) auf ihre Weide (ein großes Blatt) getrieben wird.

Kartoffel-Bastelideen

An regnerischen Herbsttagen bietet ein Netz Kartoffeln viel Beschäftigung für einige kreative Stunden. Das Beste daran ist, dass die Kartoffeln danach immer noch zum Kochen verwendet werden können, wenn man die angeschnittenen Stellen entfernt.

Das wird benötigt

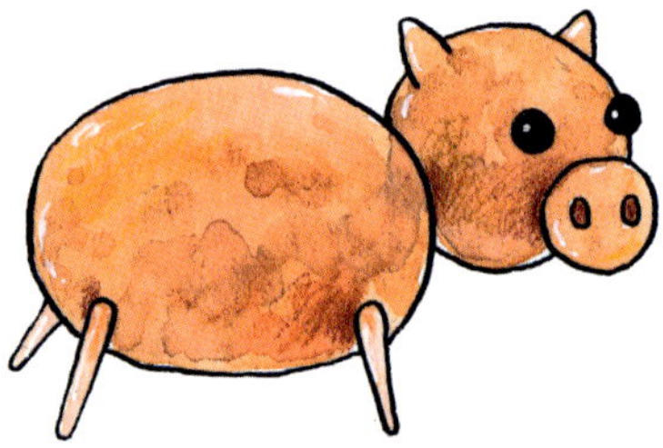

- ein Netz rohe Kartoffeln
- ein kleines Küchenmesser
- Papier
- Farben und Pinsel
- Zahnstocher
- Rosinen

1. Wir sortieren aus den Kartoffeln diejenigen aus, die sich von ihrer Form und Größe her am besten als Köpfe und Körper für verschiedene Tiere eignen, und legen sie beiseite.
2. Die übrigen Kartoffeln werden halbiert oder geviertelt, sodass sie eine handliche Größe haben. Dann wird jeweils eine Schnittfläche in eine bestimmte Form geschnitten, zum Beispiel ein Rechteck, Halbkreis, Quadrat oder Kreis.
3. Diese Stempel werden mit Wasserfarbe bestrichen und auf weißes Papier gedrückt. Aus verschiedenen Formen lassen sich abwechslungsreiche Figuren und Bilder stempeln, mit vielen verschiedenen Farben. Wenn ein Stempel mit einer anderen Farbe verwendet werden soll, kann man die vorherige Farbe einfach mit Wasser abwaschen.
4. Wer keine Lust mehr auf Stempelbilder hat, kann die vorher aussortierten Kartoffeln zu kleinen Tieren zusammensetzen. Dafür

werden zunächst verschieden große Kartoffeln für Kopf und Körper mit Zahnstochern zusammengesteckt. Weitere Zahnstocher werden als Beine verwendet, zum Beispiel bei einem Kartoffelschweinchen.

5. Aus den Kartoffelstücken, die wir vorher von den Stempeln abgeschnitten haben, schneiden wir kleinere Stücke zurecht, zum Beispiel beim Kartoffelschweinchen für die Schnauze und bei der Kartoffelente für Schnabel und Schwanz. Diese stecken wir dann in kleine Einschnitte an den Kartoffeltieren.
6. Zuletzt werden kleine Rosinen als Augen mit kurzen Zahnstocherstücken an den Tieren festgesteckt.

Gemüse-Theater

Ein Großeinkauf auf dem Wochenmarkt sorgt nicht nur für leckeres Essen, sondern er liefert auch jede Menge Bastelmaterial. Zuerst dient das Gemüse als Kasperltheater-Figuren und später kann es dann immer noch zum Kochen verwendet werden.

Das wird benötigt

- verschiedenes Gemüse, zum Beispiel Lauch, Zwiebeln, Kartoffeln, Karotten
- ein Küchenmesser
- Schaschlikspieße oder Kochlöffel
- bunte Papierservietten
- Gummibänder

1. Das Gemüse, das sich in Figuren verwandeln soll, wird von Erde und losen Teilen befreit. Überstehende Blätter, zum Beispiel vom Lauch, werden abgeschnitten.

2. Jedes Stück wird dann auf drei zusammengebundene Schaschlikspieße aufgespießt. Falls wir statt Schaschlikspießen Kochlöffel verwenden wollen, binden wir das Gemüse mit Gummibändern am Löffelstiel fest.
3. Zuletzt bekommt jede Figur noch einen Umhang: Einfach eine bunte Papierserviette in Falten um die Schaschlikspieße oder den Löffelstiel legen und dicht unter dem Gemüsekopf mit einem Gummiband festmachen, sodass noch etwas von der Serviette als „Kragen" über das Gummiband hinaussteht.
4. Herr Zwiebel und seine Freunde sind damit auch schon fertig. Hinter dem Küchentisch oder in einem richtigen Kasperltheater können nun lustige Geschichten gespielt werden.

Spielidee: Der Rätsel-Sack

Verschiedene Gemüsesorten und Früchte werden in einen großen Stoffbeutel oder einen Sack aus dünnem Stoff gelegt, den wir lose verknoten. Dann darf jedes Kind den Sack betasten und nach einem Stück suchen, das es anhand seiner Form erkennt. Wenn es richtig geraten hat, darf es das Stück aufessen oder eine lustige Kasperltheater-Figur daraus basteln.

Obstgarten-Tiere

Wenn Äpfel und Birnen reifen und so viel Fallobst am Boden liegt, dass man jeden Tag Kuchen backen könnte, helfen die Kinder gerne beim Obstsammeln. Noch mehr Spaß haben sie, wenn sie aus einigen Früchten lustige Tiere schneiden dürfen, bevor wir sie zu Kuchen oder Kompott verarbeiten.

Das wird benötigt

- einige Äpfel und Birnen
- ein kleines Küchenmesser

1. Aus einem Apfel lässt sich ein wunderschöner Schwan schnitzen. Dafür drehen wir als Erstes den Stiel heraus und schneiden rund um den Stielansatz einen gebogenen Streifen Schale ab, den wir für den Kopf brauchen. Dann drehen wir den Apfel auf den Kopf. Wir schneiden vorne einen senkrechten Schlitz hinein, in den wir den Schalenstreifen so hineinstecken, dass er wie ein Schwanenhals mit Kopf aussieht.
2. Links und rechts schneiden wir nun eine längliche Kerbe in den Apfel und schieben die entstehenden Ecken einfach nach hinten, sodass sie wie zusammengelegte Flügel überstehen.

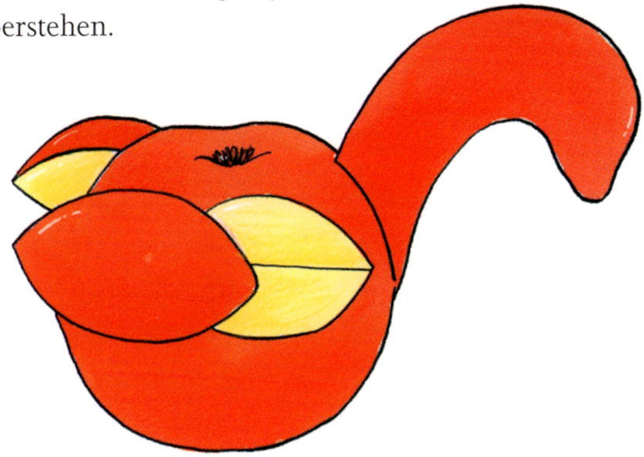

3. Genauso einfach können wir aus einer länglichen Birne eine kleine Maus schnitzen. Dafür schneiden wir die Birne zunächst an einer Seite an, sodass sie flach auf dem Tisch aufliegt. Dann drehen wir den Stiel heraus. Wir werfen ihn aber nicht weg, sondern stecken ihn als Mäuseschwanz ans Ende der Birne.

4. Dann müssen wir nur noch zwei kleine Dreiecke in die Birnenschale schneiden. Diese werden hochgeklappt, sodass sie wie kleine Ohren aussehen – und schon ist die Birnenmaus fertig!

Karotten-Schnitzereien

Wenn die Tage kälter werden, ist es umso wichtiger, dass Kinder genügend Obst und Gemüse essen. Karotten zu essen macht gleich viel mehr Spaß, wenn diese vorher in lustige Figuren verwandelt werden, die nicht nur toll aussehen, sondern auch zum Spielen dienen, bevor sie genüsslich gegessen werden.

Das wird benötigt

- Karotten
- ein kleines Küchenmesser

1. Im Handumdrehen fertig geschnitzt ist ein kleines Karottenkanu. Dafür muss nur an einer Seite der Karotte ein flacher Streifen abgeschnitten werden – so entsteht die Öffnung des Kanus. Dann machen wir quer einen Schlitz in die Karotte und stecken dort ein Stück des abgeschnittenen Streifens als Figur hinein.

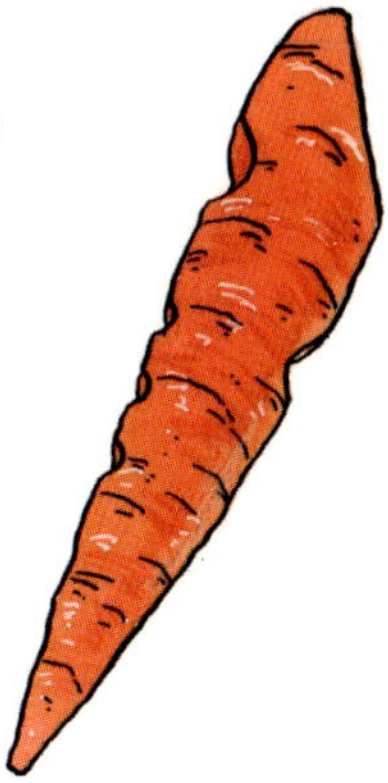

2. Fast ebenso einfach ist die Karottenflöte. Die Karotte wird am oberen Ende schräg abgeschnitten, damit ein Mundstück entsteht. In die Vorderseite kommt dann eine Reihe Löcher für die Finger, in die Rückseite ein einziges Loch für den Daumen. Kleine Musiker spielen damit vor dem Essen schnell noch fröhliche Melodien.
3. Abenteuerlustige Kinder freuen sich über ein Karotten-Krokodil mit gefährlich großem Maul. Wir schneiden die Karotte dafür einfach von der Spitze her tief ein, sodass sie sich wie ein Maul öffnet. In die Ränder des Mauls können wir dann noch gefährlich große Zähne schneiden, und seitlich am Kopf brauchen wir zwei kleine Löcher als Augen. Wenn dieses Krokodil-Maul unter dem Salatblatt auf dem Teller hervorguckt, kann das Essen ganz schön spannend werden.

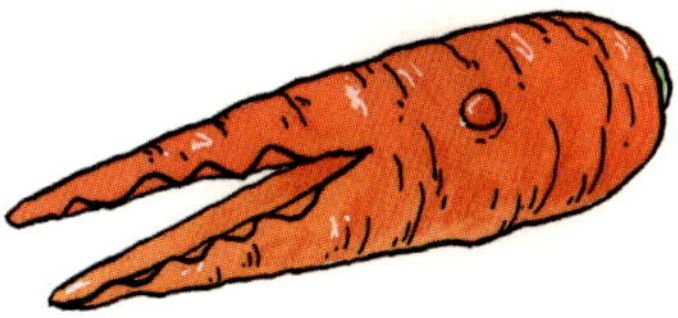

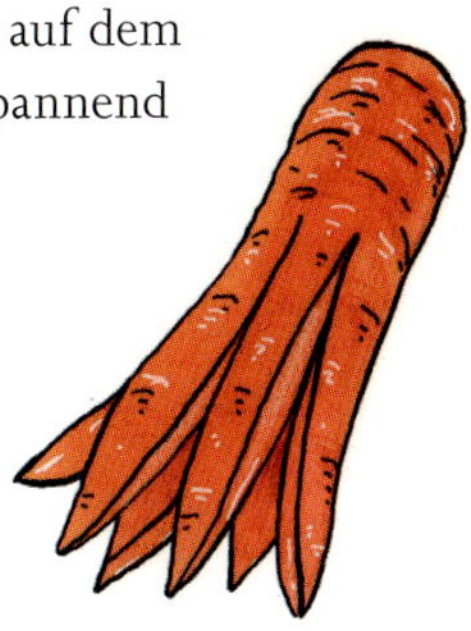

4. Eine lustige Figur ist der Karotten-Tintenfisch. Er hat zwar nicht die richtige Farbe, aber dafür macht es Kindern viel Spaß, ihn Tentakel für Tentakel aufzuessen. Die Karotte wird dafür einfach von der Spitze her kreuz und quer tief eingeschnitten – schon sind die Tentakeln fertig. Wer möchte, kann noch seitlich zwei Löchlein als Augen einschneiden.

Buntes Windrad

Wenn der Herbstwind pustet, ist ein buntes Windrad im Balkonkasten eine tolle Sache: Es dreht sich unaufhörlich, mal schneller und mal langsamer, ganz wie der Wind will.

Das wird benötigt

- Tonpapier oder Fotokarton
- Schere
- ein Stab oder ein Korken
- ein dünner Nagel
- zwei Perlen oder kleine Knöpfe

1. Das Papier muss als Erstes so zugeschnitten werden, dass es ein Quadrat ergibt, also an allen Seiten gleich lang ist. Wer möchte, kann es dann bunt bemalen – am besten auf beiden Seiten, denn wenn das Windrad fertig ist, sieht man auch etwas von der Rückseite.
2. Dann wird es von jeder Ecke bis fast zur Mitte hin diagonal eingeschnitten. Mit der Schere machen wir genau in der Mitte sowie an jeder Ecke auf einer Seite des Einschnitts ein kleines Loch, wie auf der Abbildung.
3. Die Ecken mit den Löchern werden nun eine nach der anderen zur Mitte geklappt, sodass alle Löcher übereinanderliegen.
4. Wir fädeln auf den Nagel eine Perle (oder einen Knopf) auf und stecken ihn dann von vorne durch das Windrad, sodass die Ecken vom Nagel zusammengehalten werden. Dann fädeln wir die zweite Perle auf und stecken den Nagel schließlich in den Stab oder den Korken. Die Perlen sorgen dafür, dass sich das Windrad besser drehen kann.

Herbstbilder basteln

Aus Blättern, Zweigen, Gräsern und Zapfen lassen sich tolle Bilder basteln, die genauso schön wie gemalte Kunstwerke sind. Weil das Bild in keinen normalen Bilderrahmen mit Glas passt, basteln wir den Rahmen einfach gleich mit.

Das wird benötigt

- herbstliches Bastelmaterial wie Blätter, Zapfen, Zweige usw.
- Bindfaden
- eine dünne Spanplatte
- Karton oder Tonpapier
- Farben und Pinsel
- vier Holzleisten
- Säge
- Klebstoff oder Bastelleim
- Zeitungspapier
- klarer Sprühlack

1. Zur Vorbereitung sollten die Naturmaterialien für das Bild einige Tage getrocknet werden. Dafür knüpfen wir sie an den Bindfaden und hängen sie an einer luftigen, trockenen Stelle im Schatten auf.
2. Wenn es ans Basteln geht, wird zuerst der Hintergrund vorbereitet. Dafür den Karton auf die Spanplatte kleben und nach Wunsch bemalen. Im Anschluss schneiden wir die Holzleisten mit der Säge auf die richtige Länge zu und kleben sie ringsum als Rahmen auf den Hintergrund.
3. Nun wird das Bild selbst gestaltet. Am besten legen wir das Bild zuerst auf einem zusätzlichen Blatt Papier so aus, wie es später aussehen soll, zum Beispiel als buntes Blumenkörbchen. Dann können wir es Stück für Stück auf dem Hintergrund festkleben. Beim

Gestalten sollte man daran denken, dass man die Naturmaterialien nicht nur im Ganzen verwenden kann: Tannenzapfen oder Bucheckern können auch auseinandergenommen werden, um interessante Einzelteile zu erhalten, und Blätter und Zweige dürfen ruhig in Form geschnitten werden. So kann man auch noch viel fantasievollere Bilder gestalten, die erst auf den zweiten Blick erkennen lassen, aus welchen Materialien sie gebastelt sind.

4. Wenn der Kleber trocken ist, decken wir den Rahmen mit Zeitungspapier ab und überziehen das Bild dick mit Sprühlack, damit es länger schön bleibt.

Kiesel-Figuren

Kiesel können nicht nur einfach bemalt werden, sondern aus ihnen lassen sich auch wunderbare Figuren basteln. Oft sieht man auf den ersten Blick nicht, was sich aus einem Stein alles machen lässt. Deshalb lohnt es sich, gleichmäßig geformte Steine, die besonders flach, rund oder viereckig sind, einfach zu sammeln und zuhause auszuprobieren, zu welchen Figuren man sie zusammensetzen kann.

Das wird benötigt

- viele Kiesel in verschiedenen Formen
- Bürste
- alte Zeitungen und Schachteln
- Klebstoff
- Farben und Pinsel
- Filzstifte
- Klarlack

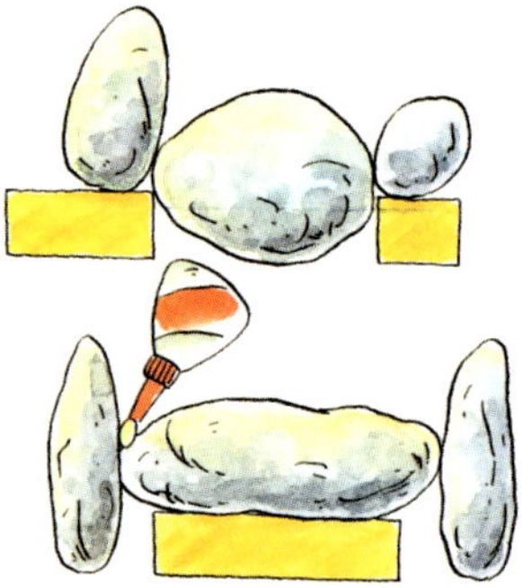

1. Vor dem Basteln müssen die Kiesel gründlich gereinigt werden, damit der Klebstoff gut haftet. Dafür schrubben wir sie mit der

Bürste unter fließendem Wasser kräftig ab. Danach gut trocknen lassen.

2. Als Erstes probieren wir, wie wir die Kiesel zu verschiedenen Figuren zusammenlegen können. Dann kleben wir sie zusammen. Dabei stützen wir sie mit zusammengelegten Zeitungen und Schachteln ab, bis der Kleber getrocknet ist.
3. Vor dem eigentlichen Bemalen grundieren wir die Steine in einer Grundfarbe und lassen diese gut trocknen. Anschließend werden die Details mit verschiedenen Farben und mit Filzstift aufgemalt.
4. Wenn die Farben trocken sind, überziehen wir die Figuren noch mit Klarlack.

Bilder aus gepressten Blumen

Bilder aus gepressten Blumen sind ein Klassiker und immer wieder schön. Die Geduld, die zum Pressen der Blumen nötig ist, macht das Basteln noch interessanter.

Das wird benötigt

- Blumen, Blätter, Gräser
- Löschpapier oder Küchenpapier
- Zeitungspapier
- dicke Bücher
- Pappe
- farbiges Papier
- Klebstoff
- Klarlack

1. Als Erstes müssen die Pflanzenteile gepresst werden. Dafür legen wir sie flach nebeneinander zwischen zwei Blätter Löschpapier oder Küchenpapier. Flache Blüten können wir einfach hineinlegen, bei dicken Blüten (z. B. Rosen) ist es besser, die Blütenblätter abzuzupfen und einzeln zu pressen.
2. Das Löschpapier legen wir zwischen zwei Lagen Zeitungspapier. Dann wird das Ganze in ein dickes Buch gelegt, das wir mit einigen weiteren Büchern beschweren. Wenn wir viele Pflanzen pressen, verteilen wir sie einfach auf mehrere Bücher.
3. Es dauert etwa eine Woche, bis die Pflanzen ganz trocken sind. Dann können wir die Pflanzenteile zu einem schönen Bild zusammensetzen. Zuerst bereiten wir den Hintergrund vor: Wir kleben einen Bogen farbiges Papier auf die Pappe.
4. Am besten legen wir die getrockneten Pflanzenteile zuerst auf einem zusätzlichen Blatt zu einem schönen Bild zusammen. Dann kleben wir sie Stück für Stück auf den Hintergrund.
5. Zuletzt überziehen wir das Bild zum Schutz der Pflanzen mit Klarlack oder wir setzen es in einen Bilderrahmen hinter Glas.

Papierflieger

Papierflieger sind prima, um mit Freunden kurze Nachrichten auszutauschen. Im Herbstwind kann man sie auch toll im Garten in der Luft tanzen lassen.

Das wird benötigt

- ein Blatt Papier

1. Wir falten das Papier der Länge nach zusammen und öffnen es wieder, sodass der Falz uns die Mittellinie anzeigt.
2. Als Nächstes knicken wir die linke und rechte untere Ecke bis zur Mittellinie um und drücken die Kanten gut fest. Dann knicken wir auch diese Kanten um, sodass sie an der Mittellinie anliegen.

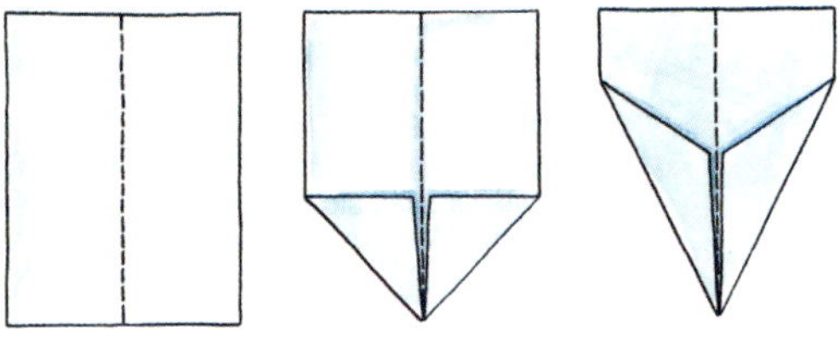

3. Der Flieger wird zusammengeklappt und flach auf den Tisch gelegt. Wir knicken den oben liegenden Flügel so um, dass unten ein 2 bis 3 Zentimeter breiter Rand bleibt. Dann den Flieger umdrehen und dasselbe mit dem anderen Flügel machen.
4. Zuletzt wird an den Seiten der Flügel jeweils ein schmaler Streifen nach oben gefaltet. Diese Streifen sollten auf beiden Seiten gleich breit sein. Sie sorgen dafür, dass der Flieger besser geradeaus fliegt.

Feder-Windrad

Kinder lieben es, draußen Federn zu sammeln und aufzuheben. Wer genügend Federn gefunden hat, kann daraus ein außergewöhnliches Windrad basteln.

Das wird benötigt

- mehrere Federn in verschiedenen Größen
- eine Papprolle (vom Toilettenpapier)
- 2 Drahtstücke (ca. 8 cm lang)
- eine Stricknadel
- 2 Korken
- 2 Nägel
- 2 Holzstäbe

1. Mit einem der Nägel drücken wir in die Papprolle die Löcher für die Aufhängung der Rolle: Wie auf der Abbildung benötigen wir an jedem Ende der Rolle zwei einander gegenüberliegende Löcher, einmal senkrecht und einmal waagerecht gelegen.
2. Dann drücken wir rings um die Rolle die Löcher für die Federn ein. Auch hier werden jeweils zwei fast gegenüberliegende Löcher gebraucht, damit die Federn gut halten. Die Federkiele sollen aber nicht genau durch die Mitte der Rolle ragen, weil dort später die Stricknadel liegt.
3. Als Nächstes werden die Drahtstücke für die Aufhängung vorbereitet. Dafür wickeln wir jedes Drahtstück mit der Mitte einmal so um die Stricknadel, dass sich die Stricknadel in dieser Öse gut drehen kann.

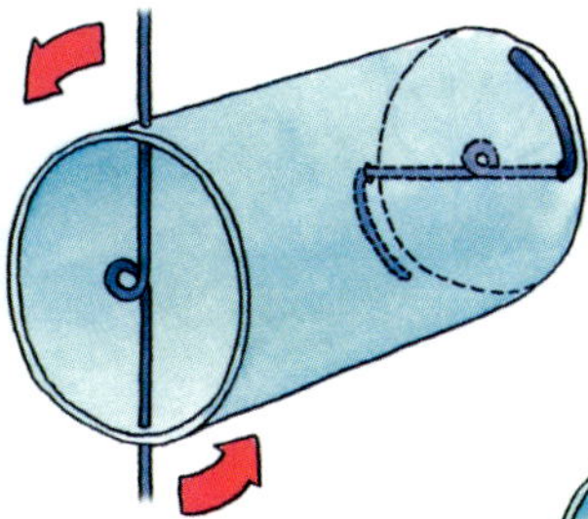

4. Die Drahtstücke werden dann so in die Löcher in der Papprolle eingefädelt, dass die Ösen genau in der Mitte liegen. Die überstehenden Enden des Drahts biegen wir um, sodass sie an der Rolle anliegen.
5. Nun schieben wir die Stricknadel durch die Ösen der Aufhängung. Auf jedes Ende der Stricknadel wird ein Korken gesteckt, damit sie nicht wieder herausrutschen kann.
6. Um das Windrad aufzustellen, schlagen wir in jeden der beiden Holzstäbe am oberen Ende einen Nagel und biegen diesen nach oben, sodass er einen Haken bildet. In diese Haken wird das Windrad mit den Enden der Stricknadel eingehängt.

Spielidee: Windrad-Wettbewerb

Ein Feder-Windrad lässt sich auf viele verschiedene Arten bauen, zum Beispiel wie auf dem Bild mit zwei Styroporkugeln anstelle einer Papprolle. Wir können einen lustigen Wettbewerb veranstalten, bei dem jeder versucht, ein möglichst einfallsreiches Windrad zu bauen.

Papierschiffchen-Flotte

Papierschiffchen lassen sich auf verschiedene Weisen bauen. Im Sommer haben wir eine Methode kennengelernt, hier folgt nun eine weitere. So können wir eine ganze Flotte an verschiedenen, bunten Papierschiffchen bauen, die genauso in der Badewanne wie auf herbstlichen Pfützen schwimmen.

Das wird benötigt

- Papier
- Farben und Pinsel
- Watte

1. Zuerst müssen wir das Papier quadratisch zuschneiden. Dafür falten wir eine Ecke bis zur gegenüberliegenden Kante. Den überstehenden Streifen Papier schneiden wir gerade ab.
2. Dann wird das Papier wieder aufgefaltet. Wir falten es dann noch mal quer dazu diagonal zusammen und öffnen es wieder, sodass die Knicke uns den Mittelpunkt des Papiers anzeigen.
3. Alle Ecken des Quadrats werden nun zur Mitte umgefaltet, sodass ein

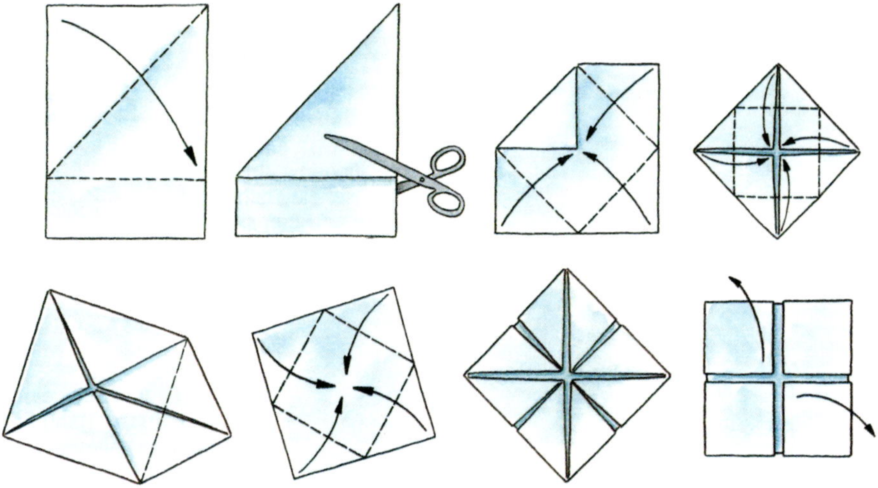

neues, kleineres Quadrat entsteht. Die Ecken dieses Quadrats falten wir dann noch einmal zur Mitte.

4. Jetzt wird das entstandene Quadrat umgedreht. Dann falten wir seine Ecken auch wieder zur Mitte hin um.
5. Wir drehen das Papier wieder um. Dann nehmen wir zwei gegenüberliegende der an der Mitte anliegenden Ecken und ziehen sie vorsichtig nach außen auseinander. Dadurch richten sich die beiden übrigen Ecken auf und bilden einen Schornstein in der Mitte des Schiffchens.
6. Zuletzt bemalen wir das Schiffchen bunt und kleben etwas Watte als Rauchfahne an den Schornstein.

Natur-Wasserrad

Wer beim Spaziergang an einem kleinen Bach vorbeikommt, kann dort aus Ästen und Blättern ein tolles Wasserrad bauen. Größere Kinder, die schon sicher mit einem Taschenmesser umgehen können, basteln es ganz alleine, bei kleineren Kindern helfen die Eltern. Am besten eignen sich zum Basteln Weidenäste.

Das wird benötigt

- Taschenmesser
- ein längerer, gerader Ast
- 3 kürzere gerade Äste
- 4 dünne Streifen Weidenrinde
- 6 Blätter (am besten Buchenblätter)
- 2 etwa gleichlange Stöcke mit Astgabel

1. In den langen Ast machen wir mit dem Taschenmesser an drei Stellen einen Einschnitt. Diese Einschnitte sollen in verschiedene Richtungen weisen und nicht zu nahe beieinander liegen.
2. Jeder der drei Äste wird halbiert oder dünn zugeschnitten, damit drei möglichst flache Stücke entstehen. Diese schiebt man dann durch die drei Einschnitte im langen Ast.
3. Danach umwickeln wir den langen Ast neben und zwischen den kurzen Ästen mit Weidenrinde und knoten diese gut fest.
4. Die Enden der drei Queräste schneiden wir ein, dann stecken wir in jeden der entstandenen Schlitze ein Blatt.
5. Nun werden die Stöcke mit den Astgabeln so am Wasser in die Erde gesteckt, dass die Astgabeln auf gleicher Höhe sind und die Blätter an den Astenden gerade bis ins Wasser reichen, wenn wir den langen Ast in die Astgabeln einlegen.

Klapperndes Wasserrad

Wer noch etwas zusätzliches Material mit an den Bach nimmt, kann ein lustig klapperndes Wasserrad bauen. Natürlich nehmen wir dieses Wasserrad nach dem Spielen wieder mit nach Hause, dann können wir es noch öfter verwenden.

Das wird benötigt

- eine leere Getränkedose oder Konservendose (mit Deckel)
- 4 Stücke stabiler Draht (jedes ca. 20 cm lang)
- eine dünne lange Stricknadel
- 10 Korken
- Hammer, ein Nagel, Zange
- einige Kieselsteinchen
- 2 etwa gleich lange Stöcke mit Astgabel

1. Mit Hammer und Nagel schlagen wir als Erstes mitten in den Boden und den Deckel der Dose jeweils ein Loch. Dann machen wir rings um die Dose acht Löcher, von denen sich immer zwei gegenüberliegen, wie auf der Abbildung.
2. Durch die Löcher in Boden und Deckel führen wir die Stricknadel, die die Aufhängung des Wasserrads bildet. Auf ihre Enden stecken wir zwei Korken.

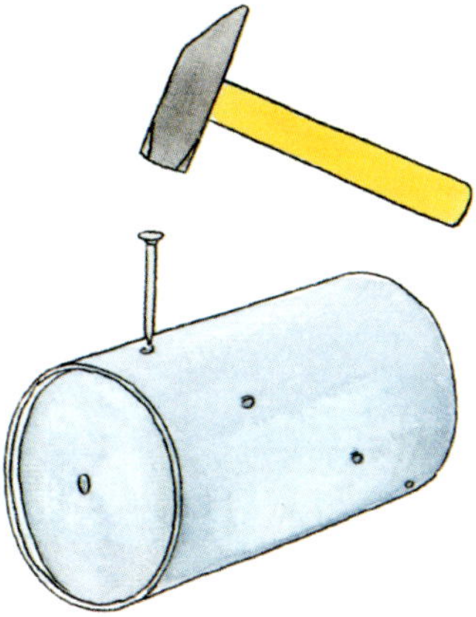

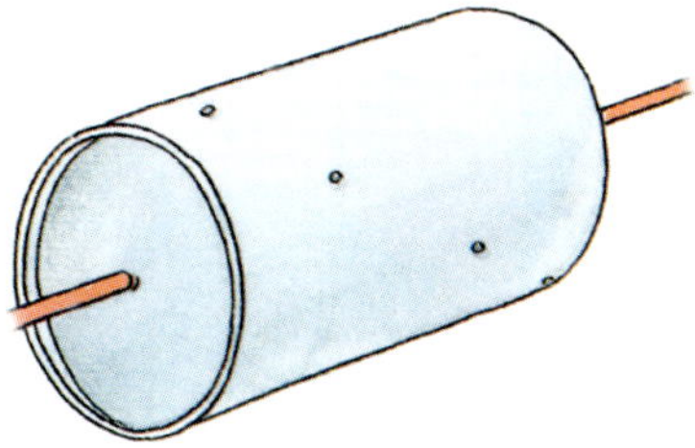

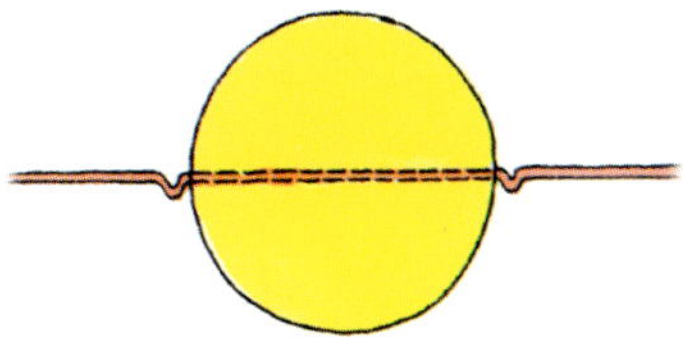

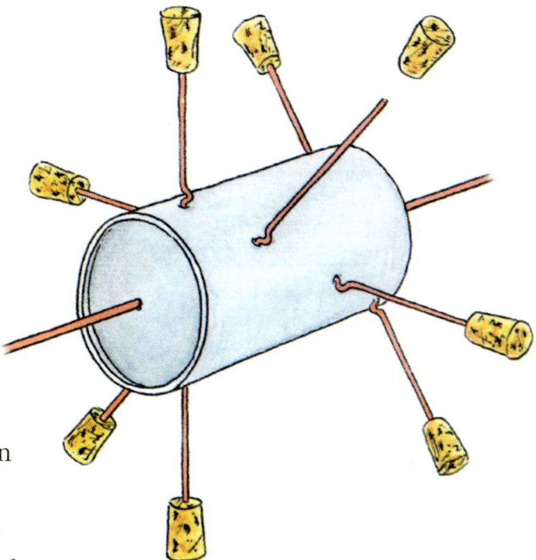

3. Als Nächstes schieben wir die Drähte durch die übrigen Löcher in der Dose, sodass sie auf beiden Seiten gleich weit überstehen. Mit der Zange machen wir dicht neben der Dose in jedes Drahtstück zwei kleine Knicke, damit der Draht nicht wieder herausrutscht. Auf die Enden der Drahtstücke stecken wir die übrigen Korken.
4. In die Dose füllen wir die Kieselsteinchen, damit sie auch richtig klappern kann.
5. Dann müssen nur noch die beiden Stöcke so in die Erde gesteckt werden, dass die Astgabeln ungefähr auf gleicher Höhe liegen und die Korken bis ins Wasser reichen, wenn wir das Wasserrad einhängen.

Laufender Igel

Im Herbst suchen sich die Igel ihre Winterquartiere in Laubhaufen und geschützten Ecken. In der Dämmerung kann man sie noch manchmal herumlaufen sehen. Wer sich einen eigenen Igel als Gefährten wünscht, bastelt einfach einen – und dieser hier kann sogar laufen.

Das wird benötigt

- stabiler Pappkarton
- Stift und Schere
- eine Beutelklammer
- Farbe und Pinsel
- schwarzer Filzstift

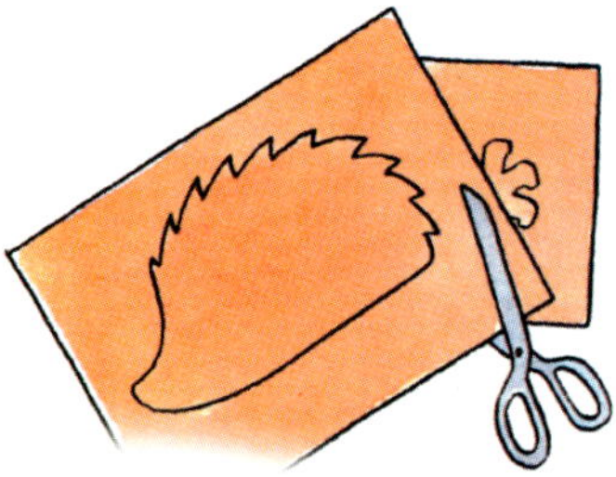

1. Als Erstes werden die Umrisse des Igels und des Laufrads auf den Pappkarton abgepaust oder abgezeichnet. Dann schneiden wir die beiden Teile sorgfältig aus. Die Löcher für die Befestigung werden mit der Spitze der Schere in die Pappe gebohrt.
2. Wir bemalen den Igel und das Laufrad in verschiedenen Brauntönen. Wenn die Farbe trocken ist, zeichnen wir mit dem schwarzen Filzstift die Stacheln sowie Nase, Auge und Mund.

3. Nun muss der Igel nur noch zusammengesetzt werden. Dafür legen wir das Laufrad so hinter seinen Körper, dass die beiden Löcher übereinanderliegen und wir die Beutelklammer durch beide Teile stecken können. Die Klammer wird auf der Rückseite auseinandergebogen, damit sie nicht mehr herausrutschen kann.

Spielidee: Igel-Slalom

Aus trockenem Laub, leeren Schachteln und zerknülltem Zeitungspapier bauen wir eine Slalomstrecke, durch die unsere Igel laufen können. Wer findet für seinen Igel das schönste Versteck für den Winterschlaf?

Kastanien- und Eichelmännchen

Das schönste Bastelmaterial im Herbst sind glänzende, frische Kastanien! Und zwar allein schon, weil es so viel Spaß macht sie zu sammeln. Wer außerdem eine Handvoll Eicheln gefunden hat, kann daraus ein lustiges Figurenpaar basteln.

Das wird benötigt

- zwei große und zwei kleine Kastanien
- sieben Eicheln
- Streichhölzer und Zahnstocher
- Taschenmesser
- Filzstift

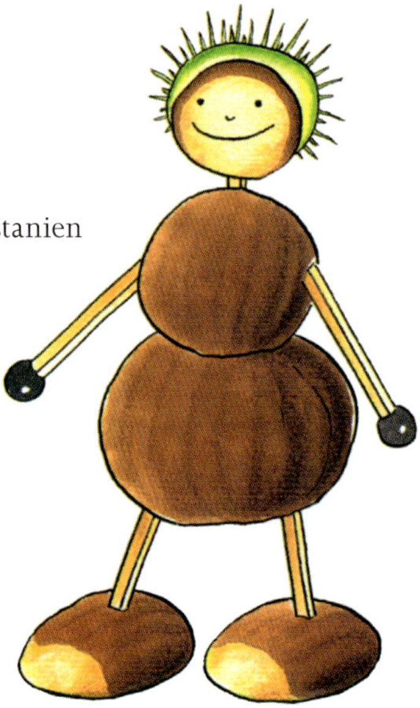

Kastanienmännchen

1. Zuerst werden die beiden großen Kastanien mit einem Zahnstocher aufeinandergesteckt. Sie bilden den Körper des Männchens.
2. Für den Kopf verwenden wir eine kleine Kastanie, an der noch ein Stück Schale klebt – das sieht dann aus wie eine lustige Mütze. Wir stecken den Kopf mit einem kurzen Stück Streichholz auf den Körper. Toll ist, wenn die helle Unterseite der Kastanie nach vorne schaut, sie sieht dann schon fast aus wie ein Gesicht.

3. Für die Arme und Beine verwenden wir Streichhölzer, die wir in die Kastanien stecken. Aus der zweiten kleinen Kastanie basteln wir die Füße: Sie wird mit dem Messer halbiert und die Hälften stecken wir unten an die Beine, sodass das Männchen stehen kann.
4. Zuletzt zeichnen wir noch mit Filzstift Augen, Nase und Mund des Kastanienmännchens.

Eichelhund

1. Damit das Männchen nicht so alleine ist, bekommt es einen kleinen Hund zur Gesellschaft. Falls die Eicheln noch in ihren Fruchtbechern stecken, müssen wir diese als Erstes abmachen.
2. Dann werden vier Eicheln dicht nebeneinander auf einen Zahnstocher gesteckt. Der Zahnstocher soll an einem Ende noch herausstehen (das wird der Schwanz), am anderen Ende sollte man ihn nicht sehen – fertig ist der Hundekörper.
3. An die Eichel, die der Kopf werden soll, stecken wir zwei abgebrochene Streichholzköpfe als Ohren. Mit dem Filzstift zeichnen wir auch gleich Augen, Nase und Maul auf. Dann stecken wir den Kopf mit einem Streichholzstück an die vorderste Eichel des Hundekörpers.
4. Für die Füße halbieren wir die letzten beiden Eicheln und legen sie flach auf die Unterlage. Dann stecken wir in jeden Fuß ein Stück Streichholz als Bein und befestigen diese schließlich so am Hundekörper, dass das Hündchen sicher steht.

Kastanienspinne

Vor dieser lustigen Spinne muss ganz sicher niemand Angst haben. Ganz im Gegenteil ist es eine Freude zuzusehen, wie sie sich zappelnd vom Finger abseilt – da überwindet jeder gerne seine Angst vor Krabbeltieren.

Das wird benötigt

- eine große Kastanie
- 8 Streichhölzer
- ein langes Stück Paketschnur oder Wollfaden

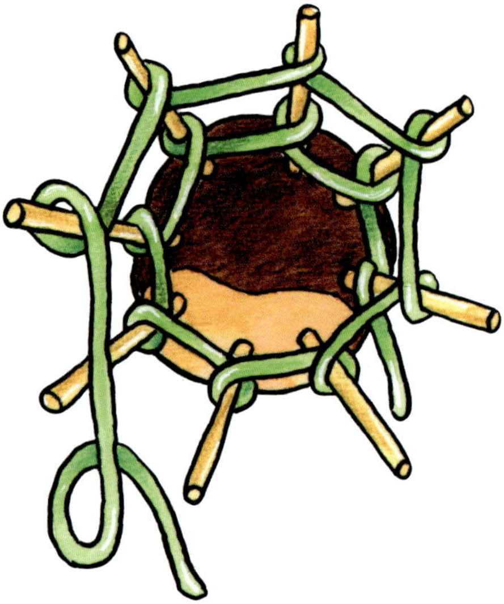

1. Die Streichhölzer werden in einem Kreis ringsum in die Kastanie gesteckt. Die Abstände zwischen den Streichhölzern sollten dabei möglichst gleichmäßig sein.
2. An einem der Streichhölzer knoten wir dicht an der Kastanie die Schnur fest. Dann wickeln wir sie wie auf der Abbildung immer im Kreis um die Streichhölzer, solange die Streichhölzer oder die Schnur reichen.
3. Damit sich die Kastanienspinne weit genug abseilen kann, stellt man sich am besten auf einen Stuhl. Dann das Ende der Schnur gut festhalten und zusehen, wie die Spinne langsam nach unten zappelt.

Kastanienkoch

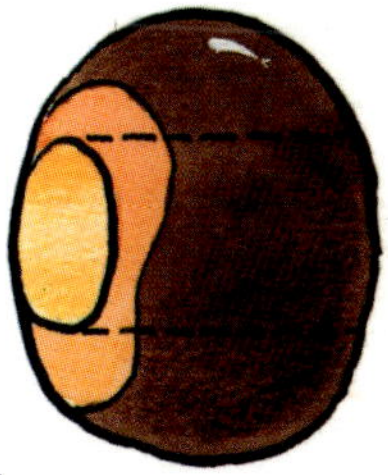

Der Kastanienkoch ist im Handumdrehen gebastelt und sorgt vor allem bei kleinen Kindern für jede Menge Spaß, wenn wir ihn als Handpuppe verwenden. Nach dem gleichen Prinzip lassen sich auch viele andere lustige Männchen basteln, zum Beispiel mit verschiedenfarbigen Tüchern oder bunten Papierservietten – so können wir sogar Kastanien-Kasperltheater spielen.

Das wird benötigt

- eine große Kastanie
- ein spitzes Messer
- ein Taschentuch, ein Stück weißer Stoff oder eine Papierserviette
- ein kurzer Holzstab

1. Mitten durch die Kastanie wird mit dem Messer ein großes Loch gebohrt.
2. Wir fassen das Taschentuch zusammen, sodass eine Tüte entsteht, und schieben deren Spitze durch das Loch in der Kastanie. Auf der anderen Seite ziehen wir es gerade weit genug heraus, dass es wie eine Kochmütze aufrecht stehen bleibt.
3. Dann stecken wir den Holzstab von unten in das Loch, sodass er im Tuch versteckt ist. Falls wir keinen Holzstab finden, können wir die Kastanie auch einfach auf den Finger stecken.

Kastanienschlange

Mit Kastanien lässt es sich nicht nur basteln, sondern auch prima spielen – oder sogar beides zusammen. Die Kastanienschlange ist ein Beispiel dafür, wie man gemeinsam und mit viel Spaß etwas Schönes basteln kann, wenn vier oder mehr Kinder zusammenkommen.

Das wird benötigt

- mindestens 20 Kastanien
- 2 Schüsseln
- Schals oder Tücher als Augenbinden
- Streichhölzer

1. Die Kinder bilden zwei Gruppen und teilen die Kastanien gleichmäßig auf die beiden Schüsseln auf. Jede Gruppe bekommt eine Schüssel und setzt sich nebeneinander an eine Seite des Tisches. Der Erste in der Reihe stellt die Schüssel vor sich auf den Tisch, und der Letzte bekommt die Streichhölzer.
2. Nun werden allen Spielern die Augen verbunden, und das Spiel beginnt. Der erste Spieler holt eine Kastanie aus der Schüssel und gibt sie unter dem Tisch an den nächsten weiter. So wandert jede Kastanie bis zum letzten Spieler. Kastanien, die dabei auf den Boden fallen, dürfen nicht aufgehoben werden, sie sind raus aus dem Spiel.
3. Der letzte Spieler steckt die Kastanien mit den Streichhölzern zu einer Schlange zusammen. Wenn die letzte Kastanie an die Schlange gesteckt ist, dürfen die Spieler die Augenbinden abnehmen. Spannend ist natürlich, welche Mannschaft zuerst mit ihrer Schlange fertig ist – aber auch, welche Schlange länger geworden ist, denn das ist die Gewinnerschlange.
4. Am Ende können die Schlangen noch zwei Augen aus Streichholzköpfen bekommen oder zu einer Kette zusammengesteckt werden.

Laubmandala

Mandalas haben eine wunderbar beruhigende Wirkung, vor allem, wenn man ganz in ihrer Gestaltung aufgeht. Aus Blättern, Eicheln und anderen Fundstücken vom Herbstspaziergang lässt sich ein besonders naturnahes und farbenfrohes Mandala gestalten.

Das wird benötigt

- herbstliche Bastelmaterialien, zum Beispiel verschiedenfarbige trockene Blätter, Eicheln, Hagebutten, Kastanien, Gräser
- Tonpapier oder Fotokarton
- Schere, Klebstoff

1. Die Materialien werden auf dem Tisch ausgebreitet, sodass alles gut zu sehen ist. Wenn man sie nach Farben und Formen vorsortiert, ist es später leichter, passende Stücke zu finden.
2. Wir schneiden das Papier quadratisch zu, sodass alle Seiten gleichlang sind. Ein besonders schönes oder auffälliges Stück wird als Zentrum in die Mitte des Papiers gelegt.
3. Vom Zentrum ausgehend werden nun weitere Materialien kreisförmig auf dem Blatt angeordnet. Dabei ist es besonders schön, wenn sie wiederkehrende, symmetrische Muster bilden. Insgesamt soll das Mandala eine erkennbare Kreisform bekommen, aber das Innere darf jeder frei nach seinen Wünschen gestalten.
4. Wenn das Mandala fertig ausgelegt ist, nehmen wir den Klebstoff und kleben Stück für Stück alle Einzelteile auf ihren Plätzen fest.

Lichtfiguren

Wenn es abends immer früher dunkel wird, können wir mit einer Taschenlampe schöne Lichtfiguren an die Zimmerwände zaubern. Kleine Kinder folgen den Figuren fasziniert mit den Augen, größere Kinder lieben es, selbst viele verschiedene Figuren zu gestalten.

Das wird benötigt

- eine Taschenlampe
- schwarzes Tonpapier oder Fotokarton
- Stift, Schere
- Klebeband

1. Als Erstes setzen wir die Taschenlampe mit dem Glas auf das Tonpapier und zeichnen ihren Umriss ab. Diesen schneiden wir aus, er wird unsere Schablone.
2. Dann wird auf diese Schablone die Figur gezeichnet, die wir leuchten lassen wollen – zum Beispiel der Mond oder ein schöner Stern. Diesen Umriss schneiden wir dann vorsichtig aus der Schablone heraus.
3. Nun müssen wir die Schablone nur noch mit etwas Klebeband vor das Glas der Taschenlampe kleben und darauf warten, dass es dunkel wird. Wenn man die Taschenlampe anknipst, wirft sie jetzt eine wunderschöne Lichtfigur an die Wand.

Nussschalen-Basteleien

Die leeren Schalen von Walnüssen wegzuwerfen wäre schade, denn aus ihnen lassen sich viele lustige Dinge basteln. Hier ein paar Beispiele, was sich aus Nussschalen alles machen lässt.

Das wird benötigt

- halbe leere Nussschalen, gründlich sauber gemacht

für die Walnuss-Maus:

- einige Wollfäden
- etwas Filz
- ein Filzstift
- Klebstoff

für die schwimmende Kerze:

- ein kleiner Kerzenstummel, z. B. von einer Geburtstagskerze
- eine Glasschale voll Wasser

für das Kinderbettchen:

- eine Hagebutte
- ein Stück Seidenpapier (oder ein Papiertaschentuch)
- Schere, Farbstifte

Die Walnuss-Maus

1. Mit etwas Klebstoff kleben wir einige dünne Wollfäden als Barthaare links und rechts neben die Spitze der Nussschale. Oberhalb der Barthaare malen wir mit dem Filzstift die Augen auf.
2. Aus dem Filz schneiden wir zwei kleine Mäuseohren zu und kleben sie seitlich hinter den Augen an die Nussschale.
3. Zuletzt kleben wir einen längeren, dickeren Wollfaden hinten an die Unterseite der Nussschale, damit unsere Maus auch einen schönen langen Schwanz hat.

Schwimmende Kerze

1. Wir tropfen etwas flüssiges Kerzenwachs in die Innenseite einer Nussschale und drücken einen kurzen, dünnen Kerzenstummel hinein.

2. Wenn das Wachs wieder fest ist und die Kerze gut hält, können wir sie in eine Glasschale voll Wasser setzen und anzünden. Wenn die Schale groß genug ist, können wir auch zwei oder drei Kerzen-Boote gleichzeitig hineinsetzen.

Kinderbettchen

1. Kleine Puppenmütter werden sich über dieses Bettchen sehr freuen, vor allem, weil sie es so leicht selber basteln können. Dafür wird zuerst das Seidenpapier in einen größeren und einen kleineren Teil geschnitten und mit Farbstiften bemalt, damit die Bettwäsche auch hübsch anzusehen ist.
2. In die Walnussschale legen wir zuerst ein kleineres Stück Seidenpapier, das wir zu einem Kissen zusammengefaltet haben.
3. Auf dieses Kissen kommt eine Hagebutte, die die Rolle des Babys übernimmt. Natürlich darf stattdessen auch ein kleines Puppenbaby ins Bettchen schlüpfen.
4. Nun muss das Baby nur noch mit dem größeren Stück Seidenpapier als Bettdecke zugedeckt werden.

Spielidee: Der Nusshügel

Bevor wir die Nüsse knacken und mit den Schalen basteln, können wir mit ihnen noch ein lustiges Spiel spielen. Dafür häufen wir die Nüsse zu einem Hügel auf und legen mit einem Band einen Kreis um den Hügel. Dann bekommt jedes Kind eine Nuss. Der Reihe nach lässt jeder seine Nuss von oben auf den Hügel fallen. Alle Nüsse, die dadurch aus dem Kreis herauspurzeln, darf das Kind einsammeln und behalten.

Strohhalm-Sauger

Aus einfachen Materialien lassen sich spannende Spiele basteln, mit denen sich Kinder an verregneten Herbsttagen auch drinnen gut beschäftigen können. Strohhalme sind ein gutes Beispiel dafür, wie abwechslungsreich solche Spiele sein können.

Das wird benötigt

- Strohhalme

für den Strohhalm-Sauger:
- Schere
- Herbstlaub oder Papierschnipsel
- eine Schüssel

für die Schatzsuche:
- eine Schüssel
- feiner Sand, z. B. Vogelsand
- ein „Schatz", z. B. eine Murmel

für das Ballspiel:
- ein Tischtennisball
- ein ausgespülter Plastikbecher

Strohhalm-Sauger

1. Das Laub oder die Papierschnipsel werden auf dem Tisch oder auf dem Zimmerboden verteilt.
2. Vom Strohhalm schneiden wir ein Ende schräg an, so lassen sich die Blätter leichter ansaugen.
3. Nun wird Blatt für Blatt mit dem Strohhalm angesaugt und zur Schüssel getragen, bis alle Blätter eingesammelt sind.

4. Wenn mehrere Kinder zusammen sind, bekommt jedes eine eigene Schüssel. Dann können die Kinder darum spielen, wer die meisten Blätter in seine Schüssel trägt.

Schatzsuche

1. Wir füllen den Sand in die Schüssel und stecken an einer Stelle den Schatz hinein. Danach den Sand glattstreichen, damit man die Stelle nicht gleich erkennt.
2. Der kleine Schatzsucher pustet mit dem Strohhalm vorsichtig den Sand beiseite, um den Schatz zu finden. Mit den Händen darf erst danach gegriffen werden, wenn der Schatz mindestens zur Hälfte freigelegt ist!

Ballspiel

1. Für dieses Spiel werden zwei Spieler gebraucht. Einer bekommt einen Strohhalm, der andere den Becher. Dann stellen sich die beiden an entgegengesetzten Enden eines Tisches auf.
2. Der Spieler mit dem Strohhalm pustet den Tischtennisball von seiner Seite aus über den Tisch. Der andere Spieler versucht, ihn mit dem Becher einzufangen. Wer möchte, kann dabei auch ein Tor markieren und Punkte zählen: Für den Puster, wenn er den Ball ins Tor pustet, und für den Fänger, wenn er ihn vorher im Becher fangen kann.

Fantasie-Steine

Mit Steinen und Farbe lassen sich viele kreative Nachmittage verbringen. Anstatt die Steine nur mit Bildern zu bemalen, suchen wir diesmal gezielt Steine, in denen wir schon ein bestimmtes Objekt erkennen können, und nehmen sie zum Bemalen mit nach Hause.

Das wird benötigt

- interessant geformte Steine, die die Fantasie anregen
- eine Bürste
- Zeitungspapier
- Farben und Pinsel
- Klarlack

1. Als Erstes bürsten wir die Steine unter fließendem Wasser gründlich sauber, damit die Farbe später besser haftet. Dann müssen sie gut trocknen.

2. Wir legen unseren Arbeitsplatz mit Zeitungspapier aus. Dann bemalen wir die Steine rundum so, dass man erkennen kann, was für ein Objekt wir vorher in ihnen gesehen haben – vielleicht ein Tier, etwas Essbares oder ein kleines Häuschen? Manchmal wird es dabei nötig sein, die Farbe zwischendurch trocknen zu lassen, damit wir einen Stein umdrehen und von allen Seiten bemalen können.
3. Wenn die Farben ganz getrocknet sind, werden die Steine zum Schutz mit Klarlack überzogen.
4. Wer viele tolle Figuren bemalt hat, kann diese danach zum Spielen nehmen.

Winterzeit – Bastelzeit!

Weihnachtssterne

Ob am Fenster oder am Weihnachtsbaum: Diese Weihnachtssterne sind überall eine wunderschöne Dekoration. Weil es verschiedene Möglichkeiten gibt, solche Sterne zu basteln, ist für kleine wie größere Kinder immer etwas dabei.

Das wird benötigt

- Goldpapier oder buntes Tonpapier
- Schere
- Klebstoff
- Nadel und Faden
- durchsichtiges Klebeband

Doppelstern

1. Wir schneiden zwei verschiedenfarbige Papiere zu gleich großen Quadraten zu.
2. Das erste Papierquadrat wird einmal auf die Hälfte gefaltet. Das entstehende Rechteck wird noch einmal auf die Hälfte gefaltet, sodass wir wieder ein kleines Quadrat erhalten.
3. Von der offenen Ecke dieses Quadrats schneiden wir wie auf der Abbildung schräg zu den Mittelpunkten der gegenüberliegenden Seiten.

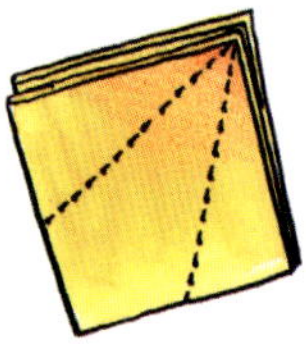

4. Mit dem zweiten Papier verfahren wir genauso. Dann werden beide Papiere wieder aufgefaltet und die entstandenen Sterne versetzt aufeinandergeklebt.

Spitzstern

1. Aus Goldpapier wird ein Quadrat zugeschnitten. Durch Falten markieren wir die Diagonalen und die Mittellinien.

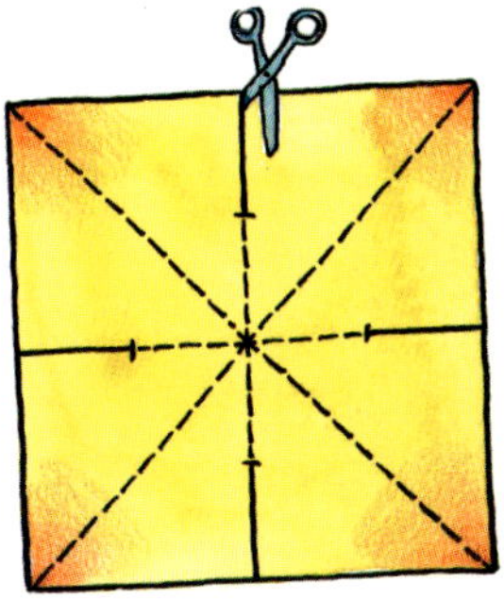

2. Die Mittellinien schneiden wir jeweils von den Rändern bis halb zur Mitte hin ein.
3. Von diesen Einschnitten aus falten wir das Papier jeweils zu den Diagonalen hin, wie auf der Abbildung.
4. Wieder können wir zwei dieser Sterne versetzt aufeinanderkleben, sodass ein hübscher achteckiger Stern entsteht.

Zickzack-Stern

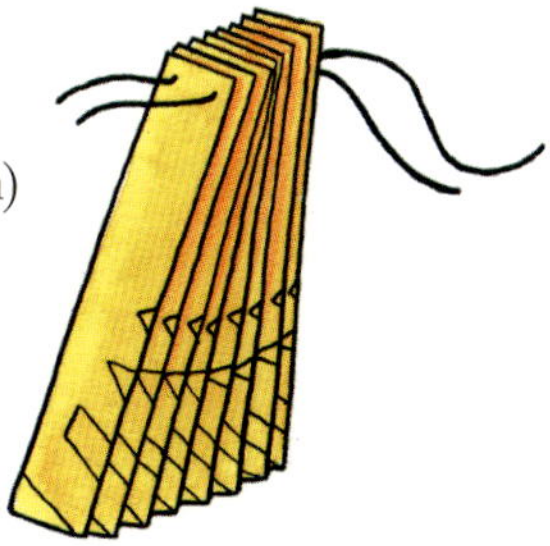

1. Ein länglicher Papierstreifen (zum Beispiel 5 x 20 cm) wird im Zickzack zu einer gleichmäßigen Ziehharmonika gefaltet.
2. An einem schmalen Ende der Ziehharmonika stechen wir mit der Nadel zwei Löcher und ziehen zwei kurze Fadenstücke hindurch.
3. An einer der langen Seiten schneiden wir mit der Schere Dreiecke in verschiedenen Größen aus.
4. Zum Schluss öffnen wir die Ziehharmonika auf der einen Seite, während wir an der anderen die Fäden eng zusammenziehen und verknoten. Damit der Stern gut zusammenhält, kleben wir die Kanten dort, wo sie aneinanderstoßen, mit Klebeband zusammen.

Schnee-Bilder

Sobald der erste Schnee liegt, lädt die unberührte Schneedecke dazu ein, Spuren zu hinterlassen. Dick eingepackt können Kinder Stunden damit verbringen, Engel und Schmetterlinge in den Schnee zu drücken.

Das wird benötigt

- unberührter Schnee auf der Wiese
- dicke Winterkleidung

1. Wir suchen uns eine Stelle mit unberührtem Schnee, drehen uns um und lassen uns lang auf den Rücken fallen (oder wir setzen uns einfach und strecken uns dann lang aus).
2. Dann die Arme zu den Seiten ausstrecken, in den Schnee drücken und auf und ab durch den Schnee schieben – fertig ist ein Schmetterlings-Abdruck.
3. Wer aus dem Schmetterling einen Engel machen möchte, schiebt zusätzlich die gestreckten Beine auseinander und wieder zusammen wie ein kleiner Hampelmann.
4. Wichtig ist, sich beim Aufstehen so wenig wie möglich aufzustützen, damit die Umrisse der Bilder nicht gleich wieder zerstört werden – am besten lässt man sich von jemandem in die Höhe ziehen.
5. Zusätzlich zu den Bildern können wir ringsum Fußspuren in den Schnee ziehen, die unsere Bilder umranden oder miteinander verbinden.

Wintersportler

Wenn draußen noch nicht genügend Schnee zum Schlittenfahren und Skilaufen liegt, können wir drinnen kleine Skifahrer und Schlittenfahrer zum Spielen basteln. Eine zusammengefaltete Bettdecke oder ein dickes Kissen ist ein prima Hügel für spannende Abfahrten.

Das wird benötigt

- bunter Fotokarton
- Farben und Filzstifte
- Klebstoff
- Pfeifenputzer
- eine Streichholzschachtel
- ein Zahnstocher
- ein Korken
- eine kleine Styroporkugel (ca. 1 cm, aus dem Bastelladen)
- Watte

Skifahrer

1. Wir zeichnen einen Skifahrer wie den auf der Abbildung auf dem Fotokarton vor. Zusätzlich zeichnen wir zwei Skier und zwei kleine Kreise für die Teller der Skistöcke vor.
2. Anschließend wird alles ausgeschnitten und nach Wunsch bemalt.
3. Wir knicken die Füße des Männchens um und kleben sie mit der Unterseite auf die Skier. Die Skispitzen werden etwas nach oben geknickt, das Männchen knicken wir in den Knien und in der Hüfte ein, wie bei einem echten Skifahrer.
4. In die Hände und in die Teller für die Skistöcke machen wir kleine Löcher, dann stecken wir zwei kurze Stücke Pfeifenputzer als Stöcke hindurch.

Schlittenfahrer

1. Von der Streichholzschachtel brauchen wir nur die Schublade. An ihre Längsseiten kleben wir zwei Papierstreifen, die wir vorher wie auf der Abbildung zugeschnitten haben.
2. In die hochgezogenen Spitzen machen wir zwei kleine Löcher und stecken den Zahnstocher durch. Seine überstehenden Enden werden abgeknipst.
3. Die Styroporkugel wird mit einem Gesicht bemalt und wir kleben etwas Watte als Haare an. Außerdem können wir ihr eine Mütze aufsetzen, die wir aus einem runden Stück Papier zusammengeklebt haben. Dann kleben wir diesen Kopf auf den Korken, den wir noch mit etwas buntem Papier verzieren.
4. Zuletzt wird das Korken-Männchen in den Schlitten geklebt – und schon kann die lustige Schlittenfahrt losgehen!

Noch mehr Nussschalen-Basteleien

Es gibt unzählige lustige Dinge, die wir aus leeren Nussschalen basteln können. Wichtig ist nur, dass wir die Walnüsse vorher so öffnen, dass die Schalen nicht beschädigt werden.

Das wird benötigt

- leere, sauber ausgekratzte Nussschalen
- Bindfaden
- Streichhölzer
- Knetmasse
- Papier, Krepppapier
- Klebstoff

Walnuss-Trommel

1. Quer um eine Nussschale wickeln wir mindestens zehn Mal einen Faden, den wir dann fest verknoten.
2. Dann schieben wir ein Streichholz mitten zwischen diese Fäden und drehen es einige Male ein. Beim Drehen müssen wir das Streichholz immer wieder zwischen den Fäden vor- und zurückschieben, damit es nicht an der Nussschale anstößt. Wenn die Fäden genug unter Spannung stehen, schieben wir das Streichholz so weit zwischen den Fäden hinaus, dass sein Ende gegen die Kante der Nussschale gedrückt wird.
3. Wenn wir nun das freie Ende des Streichholzes drücken und loslassen, trommelt es gegen die Nussschale – eine lustige und dabei aber nicht zu laute Trommel.

Nussschalen-Schiffe

1. Aus weißem Papier schneiden wir kleine viereckige Segel zu. Jedes Segel wird mit zwei kleinen Löchern versehen, durch die wir ein Streichholz stecken.
2. In jede Nussschale drücken wir eine kleine Kugel Knetmasse. In diese stecken wir eines der Streichhölzer mit Segel. Dann brauchen wir nur noch eine Schüssel Wasser, in der wir die Nussschalen-Schiffe schwimmen lassen können.

Überraschungsnuss

1. Um eine Überraschungsnuss zu basteln, brauchen wir die beiden zusammengehörigen Hälften einer Nussschale, die wir besonders gut saubermachen.
2. Aus Krepppapier schneiden wir einige dünne, lange Papierstreifen in verschiedenen Farben zu.
3. Nun brauchen wir eine kleine Überraschung, die in die Nussschale passt, zum Beispiel ein zusammengefaltetes Briefchen, ein kleines Bild oder eine winzige Figur.
4. Wir legen die Überraschung in die Nussschalen und stecken die Enden der Krepppapier-Streifen an der Unterseite dazu. Dann kleben wir die beiden Hälften der Nussschale sorgfältig zusammen, und fertig ist die Überraschungsnuss.

Spielidee: Walnüsse suchen

Bevor wir die Nüsse knacken und mit den Schalen basteln, dürfen die Kinder sie zuerst einmal suchen. Eine Möglichkeit ist, die Kinder aus dem Zimmer zu schicken und die Nüsse dann wie Ostereier zu verstecken. Noch lustiger ist es, wenn wir die Nüsse auf dem Boden verteilen und die Kinder sie mit verbundenen Augen suchen und in ihr Eichhörnchennest bringen.

Adventskranz

Die Adventszeit ist eine Zeit der Vorfreude und des Wartens auf das Weihnachtsfest. Noch schöner ist der Advent, wenn wir ihn mit einem selbst gebastelten Weihnachtskranz verbringen.

Das wird benötigt

- ein Strohkranz
- frische Tannenzweige
- Gartenschere
- Blumendraht
- vier Adventskranz-Kerzenhalter
- Tannenzapfen, Weihnachtssterne oder Ähnliches zur Dekoration

1. Mit der Gartenschere schneiden wir die Tannenzweige in handliche Stücke. Diese legen wir nach und nach um den Strohkranz und wickeln sie mit Blumendraht fest. Die Zweige legen wir dabei immer so aufeinander, dass die Astspitzen die Äste überlappen.
2. Wenn der gesamte Kranz mit Tannenzweigen bedeckt ist, stecken wir die Kerzenhalter in gleichmäßigen Abständen auf den Adventskranz.
3. Zuletzt dekorieren wir den Adventskranz mit Weihnachtssternen, Tannenzapfen und anderen hübschen Dingen.

Der etwas andere Adventskalender

Adventskalender helfen Kindern, die Tage vor Weihnachten zu zählen. Dafür ist weder Schokolade nötig noch eine Flut an Spielzeug: Wir können Adventskalender auch einfach selbst gestalten und sie dadurch viel persönlicher machen.

Das wird benötigt

für den Lichterkalender:

- ein Ziegelstein
- Farbe und Pinsel, Weihnachtsdekoration
- 24 Kerzen in verschiedenen Formen und Farben

für das Adventsfenster:

- 24 weihnachtliche Aufhänger, zum Beispiel Sterne und Engel, die wir vorher selbst gebastelt haben
- Faden und Schere
- Klebeband

für die Weihnachtsbriefe:

- 24 quadratische Notizzettel
- Klebstoff
- ein langes, farbiges Stoffband
- 24 Aufkleber, z. B. in Sternform

Lichterkalender

1. Vor dem 1. Dezember bereiten wir den Ziegelstein vor, indem wir ihn falls nötig sauber machen und in einer schönen Farbe bemalen. Außerdem können wir ihn weihnachtlich dekorieren, die Dekoration muss aber später genügend Abstand von den Kerzen haben.
2. Anstatt ein Türchen aufzumachen, zünden wir nun jeden Tag im Advent eine weitere Kerze an. Je nach Größe können wir die Ker-

zen in die Löcher im Ziegelstein stecken oder mit einigen Tropfen Wachs auf ihm festkleben.

Adventsfenster

1. Die Aufhänger für unser Adventsfenster können wir schon vor der Adventszeit vorbereiten, oder wir basteln jeden Tag einen neuen Aufhänger, der dann gleich ans Fenster kommt. Außerdem müssen wir ein Fenster aussuchen, an das wir gut herankommen.
2. Dann wird jeden Tag ein zusätzlicher Aufhänger mit einem Stück Faden und Klebeband am Fensterrahmen festgeklebt, sodass er gut sichtbar vor der Scheibe hängt.

Weihnachtsbriefe

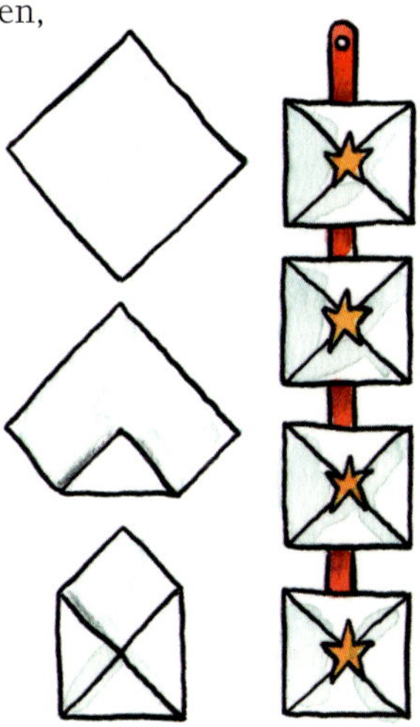

1. Auf jeden der 24 Zettel schreiben wir einen kleinen Brief, mit dem wir dem Empfänger einen Vorschlag für eine gemeinsame Aktivität machen, zum Beispiel zusammen Plätzchen backen, einen Winterspaziergang machen, einen Schneemann bauen, den Lieblingsfilm des Beschenkten anschauen, eine Geschichte vorlesen oder einfach eine Runde zusammen kuscheln.
2. Jeder Brief wird wie auf der Abbildung zusammengefaltet und mit einem hübschen Aufkleber verschlossen.
3. Dann kleben wir die Briefe jeweils mit einem Tropfen Klebstoff auf das Stoffband. Das Band kann mit einer Schlaufe oder einem Nagel aufgehängt werden. Der Empfänger darf dann jeden Tag eines der Briefchen öffnen, und wenn er möchte, natürlich auch gleich einlösen.

Apfel-Nikolaus

Äpfel und Nüsse gehören zur Weihnachtszeit einfach dazu, ebenso wie der Nikolaus. Viel lustiger als ein Schokoladen-Nikolaus ist der selbst gebastelte Apfel-Nikolaus, und wenn er schließlich gegessen wird, ist er außerdem viel gesünder!

Das wird benötigt

- ein Apfel
- eine Walnuss
- ein Zahnstocher
- rotes Krepppapier
- Watte
- Schere
- Klebstoff
- Nadel und Faden
- Filzstift

1. Als Erstes drehen wir vom Apfel den Stiel heraus. Dann legen wir ihn auf den Kopf, sodass er nicht so leicht wegkullert.
2. Die Walnuss hat an der Naht zwischen ihren Schalen unten eine Stelle, an der wir den Zahnstocher hineinstechen können. Das andere Ende des Zahnstochers stecken wir in den Apfel, sodass die Nuss als Kopf auf dem Apfel sitzt.
3. Aus dem Krepppapier schneiden wir einen breiten und einen schmaleren Streifen zu, die zum Mantel des Nikolaus werden. Dafür legen wir den schmalen Streifen auf den breiten und nähen beide an der Kante zusammen. Dann legen wir den Mantel um den Nikolaus und binden ihn mit dem Faden fest.
4. Als Nächstes wird ein Dreieck mit einer abgerundeten Kante für die Nikolausmütze ausgeschnitten. Wir rollen es so ein, dass die geraden Kanten aufeinanderliegen und kleben diese zusammen, damit die Mütze hält.

5. Auf die Walnuss werden nun mit Filzstift Augen, Mund und Nase gemalt. Dann zupfen wir etwas Watte zu einem Rauschebart zurecht und kleben sie an die Walnuss.

Nikolausesel

Damit der Apfel-Nikolaus nicht so alleine ist, können wir ihm einen kleinen Nikolausesel basteln. Aufgeweckte Kinder basteln auf dieselbe Weise auch gleich noch einen Ochsen für die Weihnachtskrippe oder eine ganze Eselherde, mit der es sich herrlich spielen lässt.

Das wird benötigt

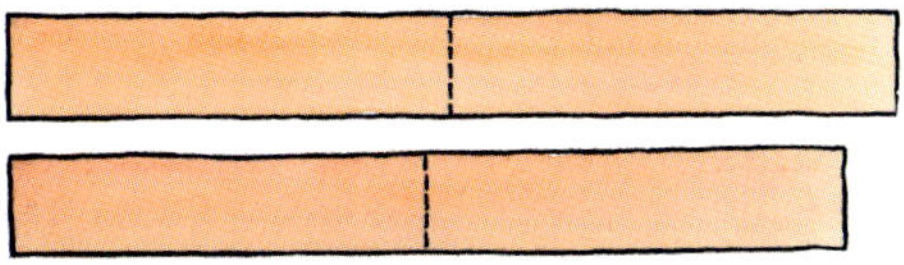

- grauer Fotokarton
- Stift und Schere
- Klebstoff

1. Vom Fotokarton werden zwei lange, schmale Streifen abgeschnitten.
2. Um das Vorderteil des Esels zu basteln, falten wir einen der Streifen auf die Hälfte. Wir öffnen ihn wieder leicht, sodass wir beide Seiten schräg nach innen umfalten können wie auf der Abbildung, dann drücken wir ihn wieder fest zusammen.
3. Für den Körper des Esels falten wir auch den zweiten Streifen zuerst einmal auf die Hälfte und legen ihn quer um das Vorderteil des Esels. Dann knicken wir die beiden Enden rechtwinklig nach innen und unten um, sodass die Hinterbeine etwa gleich lang sind wie die Vorderbeine.
4. Der Körper kann nun noch am Vorderteil nach oben oder unten geschoben werden, damit die Vorder- und Hinterbeine gleich lang sind. Dann wird alles fest zusammengeklebt.
5. Zuletzt schneiden wir aus dem restlichen Fotokarton zwei Ohren und einen langen, dünnen Schwanz für den Esel aus und kleben sie an. Augen und Maul werden einfach mit einem Stift aufgemalt.

Selbst gebastelter Weihnachtsschmuck

Für Kinder gibt es kaum etwas Schöneres, als in der Vorweihnachtszeit aus glänzendem Goldpapier kleine Kunstwerke zu basteln. Besonders stolz sind sie, wenn ihre Arbeiten später den Weihnachtsbaum oder das Wohnzimmer zieren.

Das wird benötigt

- Goldpapier
- Stift und Schere
- Klebstoff
- Nadel und Faden

Goldkette

1. Für diese ebenso einfache wie dekorative Bastelei schneiden wir zuerst eine Anzahl schmaler Goldpapier-Streifen zurecht, die etwa 1 cm breit und 8 cm lang sein sollten.
2. Der erste Streifen wird einfach zu einem Ring gelegt und zusammengeklebt. Durch den Ring fädeln wir den nächsten Streifen, den wir wieder zu einem Ring zusammenkleben. So fahren wir fort, bis alle Streifen aufgebraucht sind.
3. Durch den jeweils letzten Ring der Kette fädeln wir ein Stück Faden, mit dem wir sie am Weihnachtsbaum oder an einem Bilderhaken aufhängen können.

Sonnenstern

1. Wir zeichnen die Grundform für den Stern wie auf der Abbildung rechts oben vor: Einen langen Streifen mit großen, einander gegenüberliegenden Zacken an beiden Seiten. Die Anzahl der Zacken richtet sich danach, wie groß der Stern werden soll. An einer Seite sollte der Mittelstreifen etwas über die Zacken hinausstehen.

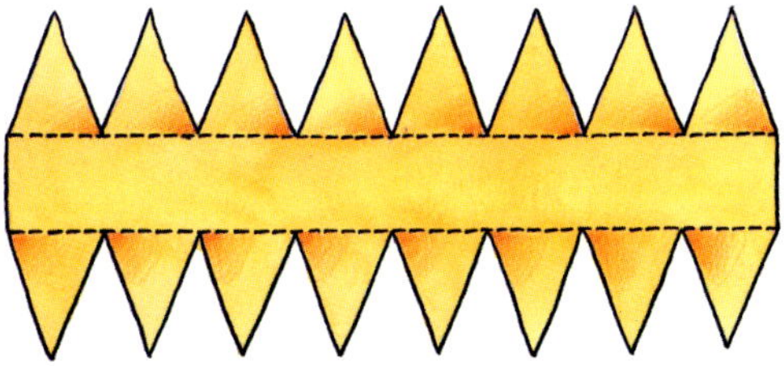

2. Die Grundform wird ausgeschnitten und zurechtgefaltet: Dafür machen wir jeweils zwischen den Zacken einen leichten Knick quer in den Mittelstreifen und knicken anschließend alle Zacken rechtwinklig nach außen um.
3. Der Mittelstreifen wird nun zu einem Ring gelegt und mit dem überstehenden Ende zusammengeklebt.
4. Zuletzt ziehen wir ein Stück Faden durch den Stern, damit wir ihn am Weihnachtsbaum aufhängen können.

Goldkugeln

1. Wir zeichnen auf dem Goldpapier fünf gleich große Kreise vor – entweder mit einem Zirkel oder indem wir ein umgestülptes Glas umranden. Diese Kreise werden dann ausgeschnitten.
2. Jeder Kreis wird einmal auf die Hälfte gefaltet und wieder geöffnet. Dann legen wir die Kreise mit diesen Knicken exakt aufeinander und heften sie mit Nadel und Faden zusammen.
3. Die einzelnen Schichten des Goldpapiers werden zuletzt so auseinandergefaltet, dass eine möglichst gleichmäßige Kugel entsteht.
4. Besonders hübsch sieht es aus, wenn wir Kugeln in verschiedenen Größen basteln. Dann können wir zur Abwechslung auch jeweils zwei oder drei unterschiedlich große Kugeln an einen Faden hängen.

Gemüsestempel

Kartoffeln sind nicht das einzige Gemüse, das sich zum Bedrucken von Papier eignet. Andere Gemüsesorten lassen sich zwar nicht so vielfältig zurechtschneiden wie Kartoffeln, aber dafür bilden sie allein durch ihre natürlichen Formen schon viele schöne Muster.

Das wird benötigt

- altes Zeitungspapier
- weißes Papier
- Farben und Pinsel
- ein Küchenmesser
- Kartoffeln, eine Zwiebel, eine Paprika, eine Karotte

1. Als Erstes legen wir unseren Arbeitsplatz mit Zeitungspapier aus. Dann befreien wir das Gemüse von losen Schalen oder Blättern, die unser Bild verschmieren könnten.
2. Das Gemüse wird dann zum Stempeln zurechtgeschnitten. Bei der Zwiebel, der Paprika und der Karotte ist das ganz einfach: Wir schneiden die Zwiebel und die Paprika quer und die Karotte längs auf. Die Schnittflächen sind auch schon unsere Stempelflächen, die interessante Muster auf dem Papier hinterlassen werden.
3. Bei den Kartoffeln können wir unserer Fantasie freien Lauf lassen und mit dem Küchenmesser alle Formen hineinschneiden, die wir aufs Papier drucken möchten, sogar ganze Bilder oder auch Buchstaben.

4. Die Farbe wird dickflüssig angerührt. Zum Stempeln streichen wir sie auf die Stempelflächen oder tauchen diese in die Farbe ein, dann drücken wir die Stempel auf das Papier. Wer mit einem Stempel zwischen verschiedenen Farben wechseln möchte, kann ihn dazwischen mit Wasser abwaschen. Es kann aber auch interessante Effekte ergeben, wenn der Stempel verschiedene Farben hat.
5. Außer den genannten Gemüsesorten können natürlich auch noch andere als Stempel verwendet werden. Wenn man danach die Stempelflächen großzügig abschneidet, kann man aus den Resten sogar noch eine leckere Gemüsesuppe kochen.

Schmuckschatulle

Die Schmuckschatulle ist eine schöne Bastelarbeit für größere Kinder, mit der sie sich bei nasskaltem Winterwetter einen ganzen Nachmittag lang drinnen beschäftigen können. Kleine Prinzessinnen sind besonders stolz, wenn sie ihre Schätze in diesem hübschen Kästchen bewundern können.

Das wird benötigt

- eine große, flache Schachtel
- mehrere kleine Schachteln, die in die große Schachtel passen
- ein großes Stück stabiler Karton für die Rückwand
- Tapetenkleister und ein Gefäß zum Anrühren
- Schere, Klebstoff
- ein kleiner Taschenspiegel
- Zeitungspapier
- Farben und Pinsel
- ein Stück bunte Borte oder Spitzenborte

1. Als Erstes werden von allen Schachteln die Deckel abgenommen oder abgeschnitten. Den Karton für die Rückwand schneiden wir so zu, dass er genauso groß ist wie der Boden der großen Schachtel.
2. Dann ordnen wir die kleinen Schachteln so in der großen Schachtel an, dass sie praktische Fächer bilden, und kleben sie darin fest.
3. Als Nächstes wird die Rückwand an die Rückseite des Kästchens geklebt. Dafür am besten die Rückwand flach hinlegen und die Schachtel von oben draufkleben, so muss beides nicht zusammengedrückt werden, bis der Kleber trocken ist.
4. Wenn die Rückwand gut hält, kleben wir den Spiegel in ihrer Mitte fest. Auch das ist einfacher, wenn wir die Schatulle dafür mit der Rückwand flach auf den Tisch legen.

5. Als Nächstes rühren wir den Tapetenkleister an. Die Arbeitsfläche legen wir dann mit Zeitungspapier aus, falls der Kleister tropft. Danach reißen wir das übrige Zeitungspapier in kleine Schnipsel, die wir nach und nach mit Kleister bestreichen und kreuz und quer übereinander auf die ganze Schatulle kleben. Nur der Spiegel bleibt dabei natürlich frei.
6. Zuletzt bestreichen wir die Papierschnipsel auf der Schatulle sorgfältig mit einer dünnen Schicht Tapetenkleister. Im Anschluss muss der Kleister gut trocknen, am besten über Nacht.
7. Wenn der Tapetenkleister völlig trocken ist, können wir die Schmuckschatulle endlich bemalen. Jedes Kind kann hier ganz seinen eigenen Vorlieben folgen.
8. Zuletzt schneiden wir die Borte zurecht und kleben sie als Rahmen rings um den Spiegel auf. Dann kann die Schmuckschatulle mit Ohrringen, Ketten und anderen kleinen Schätzen gefüllt werden.

Papiersterne schneiden

Aus buntem Papier lassen sich mit einer einfachen Technik ganz unglaubliche Sterne schneiden. Sie verschönern nicht nur den Weihnachtsbaum, sondern sind mit ihren interessanten Lochmustern auch ein toller Schmuck für jedes Fenster – und das nicht nur in der Weihnachtszeit.

Das wird benötigt

- buntes Papier
- Stift und Schere
- Fäden zum Aufhängen

1. Als Erstes muss das Papier quadratisch zugeschnitten werden. Das geht ganz einfach, wenn man eine Ecke zur anderen Seite faltet und das überstehende Papier abschneidet.

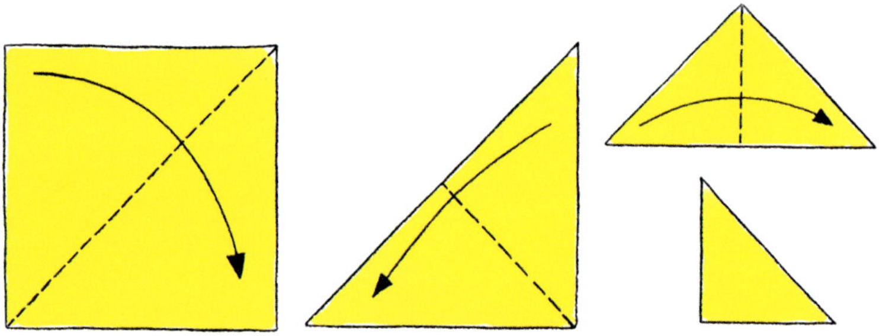

2. Das Papierquadrat wird diagonal zusammengefaltet, sodass ein Dreieck entsteht. Dieses Dreieck falten wir noch mal wie in der Abbildung auf die Hälfte und dann genauso noch ein drittes Mal. Dabei muss man darauf achten, dass beim Falten immer die längste Seite des Dreiecks halbiert wird.

3. Mit dem Bleistift zeichnen wir nun die Linien zum Ausschneiden auf dem Dreieck vor, zum Beispiel wie unten gezeigt. Die dunkel gefärbten Teile sind dabei die, die aus dem Dreieck herausgeschnitten werden.

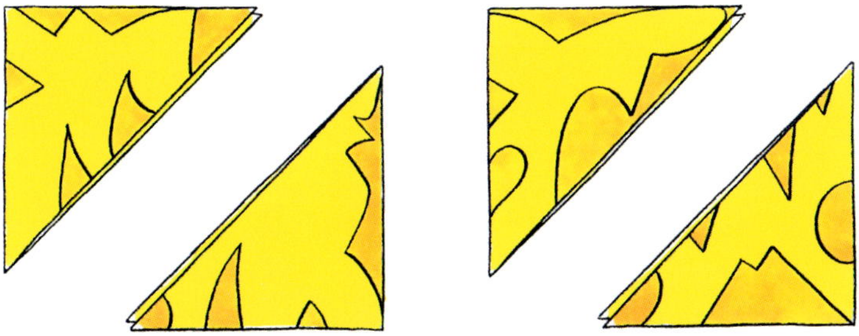

4. Die Formen werden sorgfältig ausgeschnitten, wobei wir das Papier gut zusammendrücken, damit keine Lage verrutscht. Danach falten wir es vorsichtig auf – und vor uns liegt ein ganz wunderbarer Stern.
5. Wer eigene Formen erfinden möchte, kann sie vorher mit Zeitungspapier ausprobieren, dann ist die Enttäuschung nicht so groß, falls einmal etwas nicht wie gewünscht funktioniert.
6. Zuletzt ziehen wir noch ein Stück Faden durch den Stern, damit wir ihn gut aufhängen können.

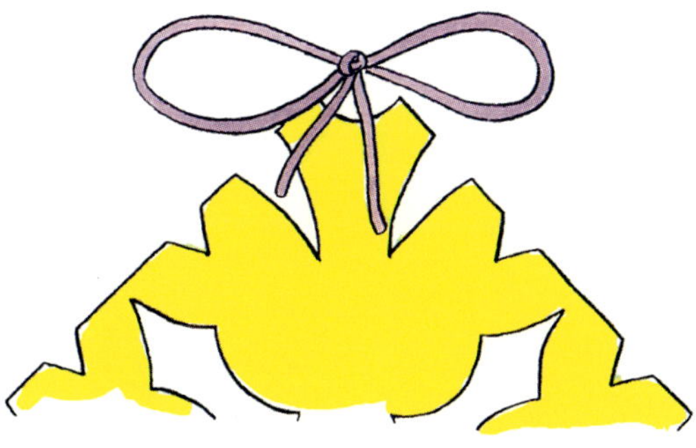

Kerzen selber gießen

In der dunklen Jahreszeit ist es immer schön, eine Kerze anzuzünden. Noch schöner ist es, wenn wir diese Kerze vorher selbst gebastelt haben. Wer genügend Kerzenreste gesammelt hat, kann vielleicht sogar die Kerzen für den Adventskranz selber gießen.

Das wird benötigt

- altes Zeitungspapier
- eine leere Konservendose und ein kleiner Topf
- Kerzenreste oder alte Kerzen
- Wachskreidenreste
- ein Joghurtbecher
- ein Stück Paketschnur (nicht aus Plastik!)
- Topfhandschuhe
- Gabel, Stricknadel

1. Wir legen unseren Arbeitsplatz mit einer dicken Lage Zeitungspapier aus. Dann werden die Kerzenreste in die Konservendose gefüllt. Wer nicht genügend Reste in der gewünschten Farbe hat, gibt außerdem Wachskreidenstücke dazu, die das Kerzenwachs einfärben.
2. Die Konservendose stellen wir in den Topf, in den wir dann heißes Wasser füllen. Das Wasser darf dabei nicht in die Konservendose spritzen!
3. Während das Wachs in der Konservendose schmilzt, bereiten wir die Kerzenform vor. Dafür wird in den Boden des Joghurtbechers ein kleines Loch gemacht, durch das gerade eben die Paketschnur passt. Wir ziehen die Schnur hindurch, lassen außen ein Stück überstehen und machen dort einen Knoten, damit die Schnur nicht ganz in den Becher rutscht.

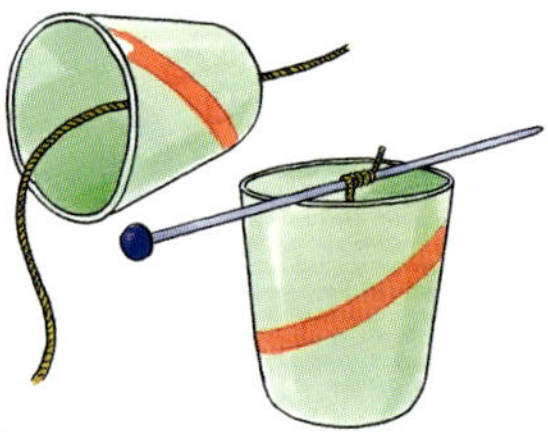

4. Das obere Ende der Paketschnur wird ein paar Mal um die Stricknadel gewickelt, die wir so über den Joghurtbecher legen, dass sie die Paketschnur gerade in der Mitte des Bechers hält – sie wird der Docht der Kerze.

5. Wenn das Wachs in der Konservendose geschmolzen ist, fischen wir mit einer Gabel die alten Dochtreste heraus. Danach nehmen wir mit den Topfhandschuhen vorsichtig die heiße Dose aus dem Wasser und gießen das Wachs in die Joghurtbecher-Form.

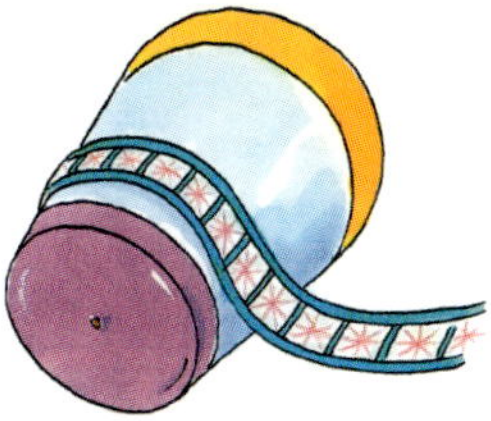

6. Es dauert einige Stunden, bis das Wachs wieder ganz fest ist. Wenn es soweit ist, lösen wir den Knoten unter dem Becher und drücken oder klopfen die Kerze aus ihrer Form.
7. Zum Abschluss kann die Kerze an ihrem Fuß noch mit einer Borte verziert oder mit kleinen Aufklebern beklebt werden. Außerdem wird das überstehende Stück Docht am unteren Ende der Kerze sauber abgeschnitten.
8. Wer gestreifte Kerzen gießen möchte, braucht etwas mehr Zeit: Jede Wachsschicht muss zuerst fest werden, bevor die nächste Schicht in einer anderen Farbe darauf gegossen werden kann.

Strohsterne basteln

Aus Stroh lassen sich die natürlichsten und oft auch die schönsten Weihnachtssterne basteln. Die Halme dafür gibt es im Bastelgeschäft, oder wir sammeln sie im Spätsommer auf dem Getreidefeld und trocknen sie selbst.

Das wird benötigt

- echte Strohhalme
- Zeitungspapier
- Bügeleisen
- Klebstoff
- Nadel und Faden

1. Für viele Strohsterne werden flache Halmstücke benötigt, die wir vor dem Basteln vorbereiten. Dafür werden die Halme entweder flachgedrückt oder wir schneiden sie an einer Seite vorsichtig mit einem Bastelmesser auf und drücken sie auseinander. Die Halme werden dann einige Stunden in einer Schüssel Wasser eingeweicht.
2. Danach legen wir die Halme auf eine dicke Schicht Zeitungspapier und bügeln sie mit dem Bügeleisen flach. Je mehr Hitze die Halme abbekommen, desto dunkler werden sie – so erhalten wir Halme in verschiedenen Brauntönen.
3. Bevor wir sie zu Sternen zusammenkleben oder -binden, können wir die Halme außerdem noch mit der Schere in interessante Formen schneiden. Die Abbildungen zeigen Beispiele dafür, wie vielfältig Strohsterne aussehen können.

Einfacher Strohstern

1. Wir schneiden für den Stern vier gleich lange Stücke von einem dünnen, flachgedrückten Strohhalm zu.
2. Jeweils zwei dieser Stücke kleben wir mit einem Tropfen Klebstoff zu einem gleichmäßigen Kreuz zusammen.
3. Die beiden Kreuze kleben wir versetzt aufeinander, sodass ein achtstrahliger Stern entsteht. Diesen umwickeln wir mit farbigem Nähgarn, das wir immer abwechselnd über und unter den Halmen durchführen. Nach zwei Umrundungen knoten wir den Faden sorgfältig zusammen.

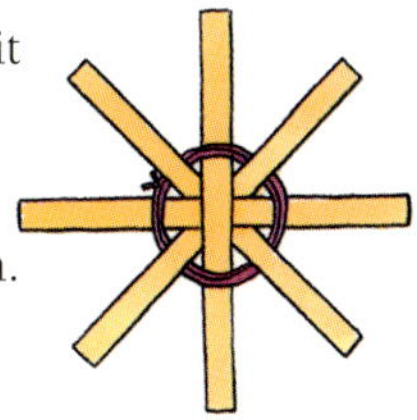

4. Als Nächstes werden die Strahlen des Sterns schräg angeschnitten, damit sie noch hübscher aussehen.
5. Wir basteln auf dieselbe Weise noch einen zweiten Strohstern. Dann legen wir beide Strohsterne versetzt aufeinander, sodass sich ein neuer Stern mit doppelt so vielen Strahlen ergibt. Diesen umwickeln wir wieder wie vorher schon mit Nähgarn, damit die beiden Teile fest zusammenhalten.

6. Zuletzt ziehen wir mit einer Nähnadel einen Faden durch einen Halm des Sterns, damit wir ihn am Weihnachtsbaum aufhängen können.

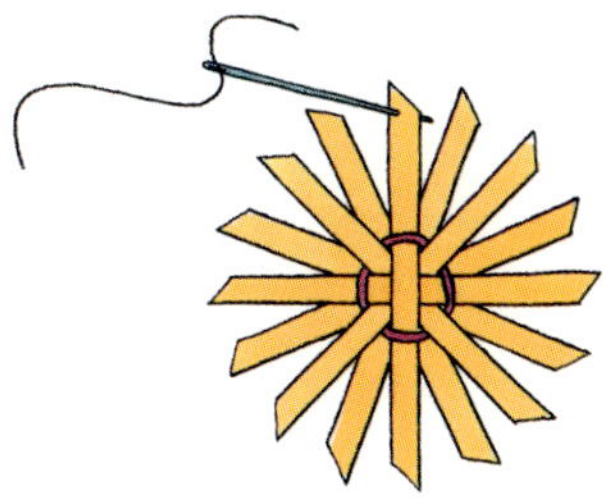

Selbst bedrucktes Geschenkpapier

Einfarbiges Geschenkpapier können wir mit dieser Methode selbst verzieren – so bekommen wir ein viel persönlicheres Geschenkpapier, als wenn wir es einfach kaufen würden.

Das wird benötigt

- einfarbiges Geschenkpapier oder große Bögen weißes Papier
- feste Küchenschwämme
- Schere
- Farben
- flache Schalen oder Untertassen

1. Wenn die Schwämme sehr dick sind, halbieren wir sie erst einmal. Dann schneiden wir mit der Schere die Formen aus, die wir später drucken wollen, zum Beispiel einen Stern, eine Kerze oder einen Weihnachtsbaum. Wenn die Kerze und ihre Flamme verschiedene Farben haben sollen, müssen wir sie auseinanderschneiden und getrennt verwenden.
2. Die verschiedenen Farben füllen wir in flache Schälchen, damit wir die Schwämme gut eintauchen können.
3. Die Schwämmchen werden zuerst in Farbe getaucht und dann auf das Papier gedrückt. Damit die Farbe nicht tropft, streifen wir den Schwamm nach dem Eintauchen am besten am Rand des Schälchens ab.

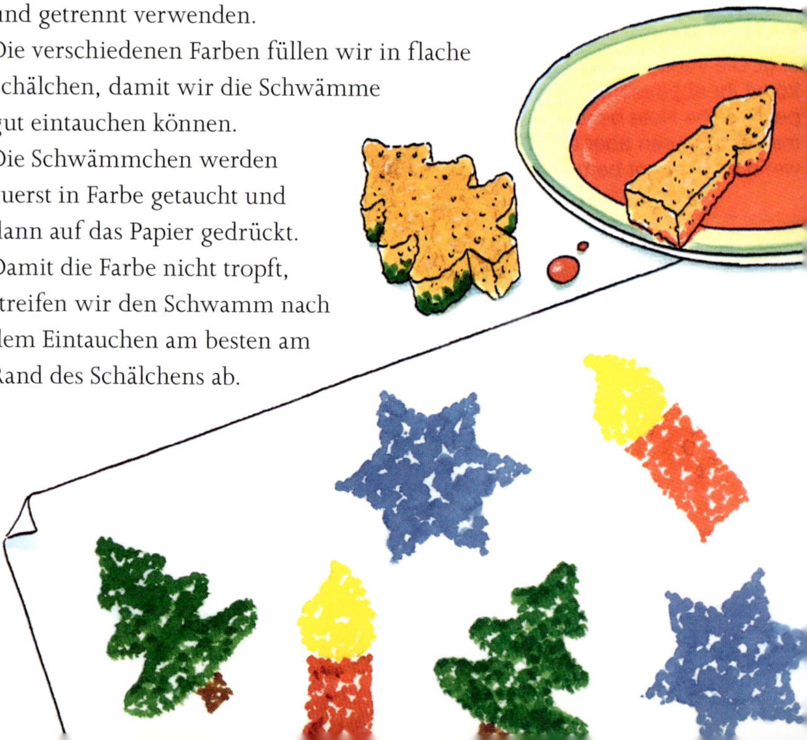

Schwimmende Kerzen

Wie man eine Nussschale in ein Kerzen-Boot verwandeln kann, haben wir bereits im Herbst gesehen. Mit geschmolzenem Wachs können wir aus den Schalen aber auch richtige kleine Schwimmkerzen machen.

Das wird benötigt

- Kerzenreste
- eine leere Konservendose und ein kleiner Topf
- Gabel, Topfhandschuhe
- altes Zeitungspapier
- Walnussschalen-Hälften
- Kerzendocht (aus dem Bastelgeschäft)
- Zahnstocher
- eine Glasschale voll Wasser

1. Die Kerzenreste werden in die Konservendose gefüllt. Dann stellen wir die Dose in den Topf und füllen diesen mit heißem Wasser. Dabei müssen wir aufpassen, dass kein Wasser in die Konservendose gelangt.
2. Während das Wachs schmilzt, legen wir unseren Arbeitsplatz dick mit Zeitungspapier aus und schneiden den Docht in kurze Stücke zurecht. Die Walnussschalen legen wir auf dem Zeitungspapier bereit.
3. Wenn das Wachs flüssig ist, holen wir die heiße Konservendose vorsichtig mit den Topfhandschuhen aus dem Wasser. Dann verteilen wir das Wachs auf die Nussschalen.
4. In die Mitte jeder Nussschale stecken wir mit einem Zahnstocher ein Stück Docht. Mit dem Zahnstocher stützen wir es so lange, bis das Wachs fest genug ist, dass der Docht nicht mehr hineinrutscht.
5. Wenn die Kerzen alle fertig sind, brauchen wir nur noch eine Glasschale voll Wasser, in der wir sie schwimmen lassen können.

Schneekugel

Schneekugeln sind nicht nur ein beliebtes Mitbringsel, sondern für Kinder auch immer wieder eine Quelle der Faszination. Was viele nicht wissen, ist, dass wir eine Schneekugel auch selber basteln können – zum Beispiel als Geschenk für liebe Freunde oder jüngere Geschwister.

Das wird benötigt

- ein leeres Glas mit Schraubverschluss, der noch gut schließt
- eine kleine Plastikfigur, die durch die Öffnung des Glases passt
- wasserfester Klebstoff
- Wasser und Spülmittel
- Glitter (aus dem Bastelladen)

1. Das Glas und der Deckel müssen richtig sauber sein – also lieber noch mal gut spülen und trocknen lassen, bevor man mit dem Basteln beginnt. Auch die Plastikfigur sollte ganz sauber sein. Alles muss absolut trocken sein, damit der Kleber gut hält.
2. Wir legen den Deckel des Glases verkehrtherum auf den Tisch und kleben die Figur so fest, dass sie auf seiner Innenseite steht. Der Kleber muss danach vollständig trocknen.
3. Dann füllen wir das Glas mit Wasser. Man kann ausprobieren, wie viel Wasser in das Glas muss, indem man den Deckel mit der Figur kurz auf das Glas legt – überschüssiges Wasser läuft dann über.
4. In das Wasser kommen noch ein bis zwei Tropfen Spülmittel und natürlich der Glitter. Falls Wasser über das Glas geschwappt ist, trocknen wir den Rand der Öffnung und das Gewinde mit einem Stück Küchenrolle ab, damit der Deckel besser schließt.

5. Schließlich legen wir den Deckel auf das Glas und schrauben ihn gut fest. Damit ist die Schneekugel auch schon fertig – jetzt müssen wir sie nur noch umdrehen und schütteln, damit es in ihrem Inneren zauberhaft schneit.

Schneeflocken-Forscher

Bei dieser Spielidee wird zwar zunächst einmal nichts gebastelt, aber sie regt die Fantasie und Kreativität der Kinder an: Die abwechslungsreichen Formen der Schneeflocken können später nachgezeichnet und dabei noch weiter verziert werden, zum Beispiel in einem winterlichen Mandala.

Das wird benötigt

- Schneefall
- schwarzes Tonpapier
- eine Lupe

1. Wenn der Schnee in schönen Flocken vom Himmel fällt, rüsten wir uns mit schwarzem Papier und Lupe aus und gehen nach draußen.
2. Dort fangen wir einzelne Schneeflocken mit dem Papier auf – nicht anfassen, sonst schmelzen sie zu schnell!
3. Mit der Lupe sehen wir uns die Schneeflocken genau an und vergleichen, was es für Ähnlichkeiten und Unterschiede zwischen ihnen gibt.

Schneebilder und Iglu-Windlicht

Wenn draußen frischer Schnee gefallen ist, muss das Spielen einfach ins Freie verlegt werden. Auch dort kann man kreativ werden: Der Schnee ist eine wunderbare Oberfläche, um Spuren einzudrücken und kleine Kunstwerke zu schaffen.

Das wird benötigt

- eine unberührte Schneefläche
- Winterkleidung
- eine Kerze

Schneebilder

1. Zuerst müssen wir uns überlegen, was für eine Figur wir in den Schnee zeichnen wollen, und wie genau ihre Umrisse aussehen.
2. Dann fertigen wir unser Schneebild an: Entweder treten wir den Schnee nach und nach nieder, bis wir den Umriss unseres Bildes ausgefüllt haben. Oder wir zeichnen mit einem langen Stock ganz einfach auf die Schneefläche.
3. Wenn mehrere Kinder zusammen sind, können sie ein Ratespiel veranstalten, bei dem immer einer ein Bild anfertigt und die übrigen raten, was es darstellen soll. Anstatt ein Tier oder eine Person zu zeichnen, kann man dabei auch nur die Spuren zeichnen, die das gesuchte Wesen hinterlässt – so wird das Raten noch spannender.

Iglu-Windlicht

1. Wenn keine Mitspieler für eine Schneeballschlacht da sind, können wir aus Schneebällen auch ein hübsches kleines Windlicht bauen. Dafür formen wir als Erstes möglichst viele gleichmäßig große Schneebälle.
2. Diese stapeln wir dann zu einem Iglu auf, das an einer Seite eine große Öffnung hat. Es ist gar nicht so einfach, ein Iglu zu bauen, daher ist diese Aufgabe ganz schön spannend.
3. Wenn das Iglu-Windlicht fertig ist, stellen wir eine dicke Kerze hinein und zünden sie an. Vor allem in der Dämmerung ist das ein wunderschöner Anblick, weil das Iglu von innen zu leuchten beginnt.

Weihnachtsbilder sticken

Sobald Kinder sticken gelernt haben, fertigen sie damit mit Begeisterung auch kleine Bilder an – zum Beispiel diesen Schneemann. Kleine Künstler verwenden bald auch verschiedenfarbiges Garn und kompliziertere Motive, die sie später auch auf Stoff sticken.

Das wird benötigt

- Tonpapier
- Stift
- Nadel und Stickgarn oder Wollfäden

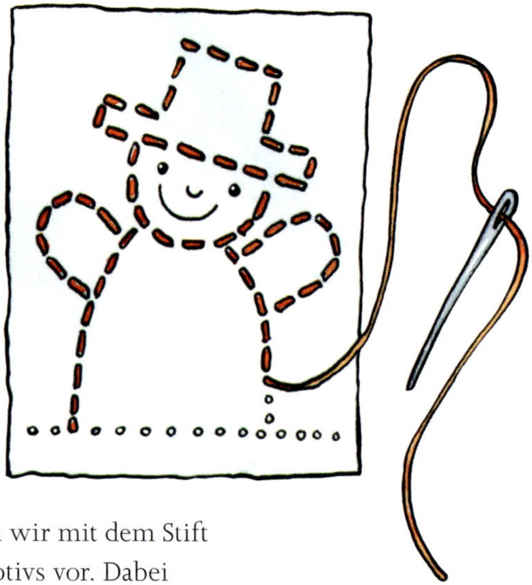

1. Auf das Papier zeichnen wir mit dem Stift die Umrisse unseres Motivs vor. Dabei ziehen wir aber keine durchgehenden Linien, sondern wir deuten die Linien nur mit Punkten an.
2. Anschließend werden die Umrisse entlang der Punkte mit der Nadel nachgestickt. Dabei können verschiedenfarbige Garnstücke verwendet werden, um das Bild noch schöner zu machen.

Handpuppen-Ideen

Vor allem kleine Kinder sehen begeistert zu, wenn sich Hände plötzlich in faszinierende bewegliche Puppen verwandeln. Solche Handpuppen sind im Nu gebastelt und können aus den verschiedensten Materialien bestehen.

Das wird benötigt

- Farben und Pinsel oder Farbstifte
- eine Papiertüte,
  ein alter Waschhandschuh
  oder ein Gummihandschuh

für den Kugelkopf:

- ein Tennisball
- ein Stück Stoff
  und etwas Bindfaden
- Wollreste
- Klebstoff

1. Fast alles, was man über die Hand stülpen kann, kann sich in eine lustige Handpuppe verwandeln. Der wichtigste Schritt: Wir malen ein Gesicht auf. Falls wir einen Gummihandschuh verwenden, können wir auf jeden Finger ein einzelnes Gesicht malen.
2. Zusätzlich können wir in die Handpuppe ein Loch für die Nase schneiden, durch das wir einen Finger stecken – dann kann die Nase lustig wackeln. Zwei zusätzliche Löcher an den Seiten erlauben es uns, zwei weitere Finger als kleine Arme einzusetzen.

Kugelkopf

1. Wenn die Handpuppe einen richtigen runden Kopf haben soll, basteln wir einfach einen Kugelkopf. Dafür wickeln wir einen Tennisball in ein Stück Stoff, das wir mit dem Bindfaden zuknoten.
2. Auf den Stoff malen wir ein freundliches Gesicht. Damit der Kugelkopf auch Haare hat, kleben wir kurze Wollreste kreuz und quer auf seinen Kopf.

Wollbilder

Aus Wolle lassen sich viele schöne Dinge machen. Wer noch nicht so gut mit Stricknadeln oder anderem Handarbeitsgerät umgehen kann, kann aus Wollfäden auch einfach bunte Bilder kleben.

Das wird benötigt

- Wollreste in vielen verschiedenen Farben
- Karton und Stift
- Klebstoff, Schere

1. Wir denken uns ein schönes Motiv aus, zum Beispiel eine Landschaft. Die Umrisse unseres Bildes zeichnen wir mit dem Stift auf dem Karton vor.
2. Dann legen wir als Erstes Wollfäden in den passenden Farben entlang der Umrisse aus und kleben sie mit etwas Klebstoff sorgfältig fest.
3. Ausgehend von diesen Umrissen füllen wir die entstandenen Flächen nach und nach mit Wollfäden in den entsprechenden Farben, die wir immer dicht nebeneinander festkleben. Die Wollfäden schneiden wir dafür in den passenden Längen zu.
4. Besonders schön ist es, wenn die Fäden nicht nur gerade nebeneinander verlaufen, sondern die Strukturen im Motiv nachzeichnen, wie bei dem Baum in der Abbildung.